★ 红色旅游发展与规划系列丛书

ZHONGGUO HONGSE LÜYOU ZIYUAN HE YOUXIAN SHEJI

中国红色旅游资源和游线设计

钟栎娜 岳 超 主编
徐明霞 梁天成 副主编

旅游教育出版社
·北京·

图书在版编目（CIP）数据

中国红色旅游资源和游线设计 / 钟栎娜，岳超主编. -- 北京：旅游教育出版社，2022.5
ISBN 978-7-5637-4408-4

Ⅰ.①中… Ⅱ.①钟… ②岳… Ⅲ.①革命纪念地－旅游业发展－研究－中国②革命纪念地－旅游路线－设计－中国 Ⅳ.①F592.3

中国版本图书馆CIP数据核字(2022)第079842号

中国红色旅游资源和游线设计

钟栎娜 岳 超 主 编
徐明霞 梁天成 副主编

责任编辑	李姝彦
出版单位	旅游教育出版社
地　　址	北京市朝阳区定福庄南里1号
邮　　编	100024
发行电话	（010）65778403　65728372　65767462（传真）
本社网址	www.tepcb.com
E - mail	tepfx@163.com
排版单位	北京旅教文化传播有限公司
印刷单位	北京虎彩文化传播有限公司
经销单位	新华书店
开　　本	787毫米×1092毫米　1/16
印　　张	8.5
字　　数	130千字
版　　次	2022年5月第1版
印　　次	2022年5月第1次印刷
定　　价	69.00元

（图书如有装订差错请与发行部联系）

前 言

  在中华民族历史发展的滚滚车轮中,中国共产党带领人民走出了一条站起来、富起来、强起来的民族伟大复兴之路。中国共产党成立百年来,经受住了历史和时间的考验,带领人民走过了最艰难的岁月,克服种种困难,不断奋斗向前,创造了无数中国奇迹。这些伟大的历史时刻,应该被广大人民所了解、所重视、所铭记。发展红色旅游,传承红色基因,把红色资源利用好,把红色历史呈现好,把红色文化传承好,把红色精神发扬好,充分发挥红色旅游的政治教育功能、经济发展功能、文化传播功能,这对于振奋民族精神、凝聚民族力量,夺取新时代中国特色社会主义伟大胜利,实现中华民族伟大复兴的中国梦,具有重大而深远的意义。

  本书分为三章,第一章主要内容为中国红色旅游发展脉络,从概念演变、资源结构两个方面进行解读,对红色旅游经典景区开发历程和建设特点进行总结回顾,对新时代红色旅游开发需要重视的问题、突出的意义和实现的要求进行专业解读。第二、三章介绍了中国八大地区的红色旅游发展环境,深入挖掘各地红色旅游资源,归纳总结各地红色游线,道路、故事、自然景观相互联系,游线中包含的鲜明而统一的主题、历史道路和故事线索共同组成的骨架、鲜活的历史记忆和情感、突出的自然和人文生态条件,呈现了强调叙事、体验和融入环境创造氛围的红色故事,是传播红色文化、传承红色精神的重要媒介。

  本书由北京第二外国语学院旅游科学学院钟栎娜教授领衔的编写组负责编写。其中第一章由钟栎娜、张严、徐明霞编写,第二、三章由钟栎娜、李智慧、徐明霞、梁天成编写,纪时佳负责整本书籍的校对和用词酌定。本书在付梓过程中得到了旅游教育出版社的大力支持,在此表示衷心感谢。

  2021年,是"十四五"的开局之年,是中国共产党建党一百周年,一百年风雨兼程,一世纪沧桑巨变。在这特殊的历史节点,红色旅游必将迎来大发展。在新一轮旅游发展大潮中,让我们抓住红色旅游发展机遇,充分发挥红色旅游宣传教育、拉动经济发展、提升文化自信的功能,时刻提醒人们不忘初心,牢记使命,激流勇进,砥砺前行,为实现中华民族的伟大复兴不断奋斗!

编写组
2021年2月28日于北京定福庄

目 录

第一章　中国红色旅游发展脉络 ································· 1
　（一）中国红色旅游的概念发展 ································· 1
　（二）中国红色旅游资源解读 ··································· 4

第二章　区域红色旅游资源与游线设计 ························ 18
　（一）华北区域 ·· 18
　（二）东北区域 ·· 44
　（三）华东区域 ·· 50
　（四）华中区域 ·· 68
　（五）华南区域 ·· 74
　（六）西南区域 ·· 82
　（七）西北区域 ·· 98
　（八）港澳台地区 ··· 114

第三章　结　语 ··· 127

第一章
中国红色旅游发展脉络

中国红色旅游的发展自21世纪初提出，现已走过逾20年。红色旅游资源从选取调查到科学规划，多年来由党政机关和旅游部门牵头、规划院系及企业团队执行规划的红色旅游发展正逐步迈入正轨，使得红色旅游规划成为中国红色旅游发展的最前沿。随着新时期对红色精神文明建设的要求，红色旅游作为"最接地气""最打动人心"的红色精神文明体验途径，成了各省区发展旅游的侧重点。什么是中国红色旅游？什么是红色旅游资源？红色旅游资源在中国的开发历程又是如何？我们通过下面的章节一窥究竟。

（一）中国红色旅游的概念发展

"红色旅游"一词可以追溯到1999年，江西最早把"红色"与"旅游"两个词结合在一起，并推出南昌至井冈山、瑞金等地的三条"红色之旅"省内旅游专线。2002年，李宗尧提出红色旅游是以游览革命老区、革命遗迹为主，同时接受爱国主义教育的旅游方式。同年，高舜礼认为红色旅游是以中国共产党领导的，在各个历史时期建树丰功伟绩所形成的纪念地、标志物为吸引物，以其所承载的革命历史和革命精神为内涵，组织和接待旅游者进行学习缅怀或参观游览，从而实现学习革命历史知识，接受革命传统教育和振奋精神、放松身心、增加阅历的一种旅游活动。

1.《一期规划》中的概念界定

2004年1月，李长春在河北考察工作时发表重要讲话，第一次对"红色旅游"内涵做出科学界定。在同年12月，中共中央办公厅、国务院办公厅在《2004—2010年全国红色旅游发展规划纲要》（以下简称《一期规划》）中正式将红色旅游的概念定义为：以中国共产党领导人民在革命和战争时期建树丰功伟绩所形成的纪念地、标志物为载体，以其所承载的革命历史、革命事迹和革命精神为内涵，组织接待旅游者开展

缅怀学习、参观游览的主题性旅游活动。可以发现《一期规划》扩大了红色旅游的外延和内涵，旅游者在游览过程中所感受的革命精神不仅是历史的，更是现实的和未来的。如新中国成立后所展现的铁人精神、抗洪精神以及抗震精神都属于红色精神文化。尽管此后如姚素英、雷召海、刘海洋等部分学者对红色旅游的概念进行了不同界定，但大部分学者比较认可《一期规划》的官方定义。

2.《二期规划》中的概念界定

在《2011—2015年全国红色旅游发展规划纲要》（以下简称《二期规划》）中指出，红色旅游作为政治工程、文化工程，必须突出强调其在加快构建社会主义核心价值体系中的重要作用，教育和引导广大干部群众充分认识到，是历史和人民选择了中国共产党，选择了社会主义制度，选择了改革开放道路，从而进一步坚定对党的信任、对中国特色社会主义的信念、对改革开放的信心，进一步巩固全党全国各族人民团结奋斗的共同思想基础。同时，红色旅游作为经济工程、富民工程，其发展必须遵循产业发展基本规律，充分发挥市场作用，不断创新体制机制，广泛吸纳群众参与，才能保持长久生机与活力，不断向前发展。

3.《三期规划》中的概念界定

在《2016—2020年全国红色旅游发展规划纲要》（以下简称《三期规划》）中指出，发展红色旅游是加强爱国主义和革命传统教育、培育和践行社会主义核心价值观、促进社会主义精神文明建设的重大举措。近年来，我国红色旅游稳步发展，大量革命历史文化资源得到有效保护和合理利用，覆盖广泛、内容丰富的经典景区体系基本形成，年接待人数持续增长，取得了明显的社会效益和经济效益。

经过三期规划的建设，现在已有300家全国红色旅游经典景区，这些景区主要反映了新中国革命与建设的历史。经典红色旅游景区主要是以中国共产党领导人民在革命、战争、新中国建设时期建树丰功伟绩所形成的纪念地、标志物为载体，以其所承载的革命历史、革命事迹和革命精神为内涵，组织接待旅游者开展缅怀学习、参观游览的主题性旅游活动的场所。

4.十八大以来的内容拓展

为了更好地发挥爱国主义教育基地的作用，红色旅游内容有了适当拓展，将十八大以来，充分展示中国特色社会主义在新时期与新阶段的民族精神、重大工程、脱贫攻坚人物事迹等，有选择地纳入新时代红色旅游范围，充分展示中国特色社会主义的实践成果，形成以下时间轴线上连续的红色旅游景区概念体系。

中国共产党成立至中华人民共和国成立以前，反映以中国共产党领导为主，社会各界与人民群众反帝反封建、争取民族独立解放的重要标志地及其表现载体。

中华人民共和国成立至改革开放之前，反映中国共产党带领全国人民，进行社会主义改造和建设的重要标志地及其表现载体。

改革开放以来，反映中国共产党带领全国人民探索和发展中国特色社会主义的重要标志地及其表现载体。

十八大以来，新时代红色旅游景区是反映中国共产党带领全国人民从"富起来"迈向"强起来"的新历史征程的重要标志地及其表现载体。党的十八大以来，习近平总书记多次到红色革命纪念馆考察，强调发展红色旅游要把准方向，核心是进行红色教育、传承红色基因，让干部群众来到这里能接受红色精神洗礼。党的十九届五中全会提出，繁荣发展文化事业和文化产业，提高国家文化软实力，明确了"十四五"规划和二〇三五年远景目标中文化建设的要求：坚定文化自信，坚持以社会主义核心价值观引领文化建设，加强社会主义精神文明建设，围绕举旗帜、聚民心、育新人、兴文化、展形象的使命任务，促进满足人民文化需求和增强人民精神力量相统一，推进社会主义文化强国建设。这是第一次提出将"满足人民文化需求"与"增强人民精神力量"相统一的明确要求。《中共中央关于制定国民经济和社会发展第十四个五年规划和二〇三五年远景目标的建议》中提出，推动文化和旅游融合发展，发展红色旅游和乡村旅游。红色文化是红色旅游的核心和灵魂，发扬红色文化既是对中华优秀传统文化的传承和发扬，也是把准中国特色社会主义文化前进方向的指南针，标志着中华民族伟大复兴的鲜明特色。发展红色旅游是加强爱国主义和革命传统教育、培育和践行社会主义核心价值观、促进社会主义精神文明建设的重大举措。发展红色旅游有助于广大党员干部贴近历史、贴近实际，理解中国共产党领导中国人民实现民族独立和艰苦创业的伟大实践，以及改革开放以来解放思想、励精图治的创新精神。通过学习党史、新中国史、改革开放史、社会主义发展史，在历史的现场感悟红色文化的积淀过程，从而不断提升解决实际问题的能力，增强为人民服务的精神力量。发展红色旅游有助于广大人民群众增强民族复兴的精神力量。红色旅游的吸引力虽来源于自然风光的美好、建筑设计的宏大、服务水平的提升，但其根本仍在于革命历史的丰富厚重和精神文化的博大精深。"一艘红船""半条被子"等一处处革命遗址、一件件革命文物，诠释了中华民族的传统美德和革命理想信念，传递着浓厚的爱国主义精神和时代精神，凝聚着坚定文化自信、建成文化强国的精神动能。

近些年来，虽然有一些学者从不同角度来定义红色旅游，但有几点已达成共识：第一，红色旅游具有很强的政治性和教育性，其活动主要受政府引导；第二，旅游活动具有特定的载体，即中国共产党领导人民在革命和战争时期所形成的纪念地和标志物；第三，旅游载体承载着丰富的精神内涵，包括革命事迹、革命历史和革命精神；第四，旅游带动了革命老区经济、社会和文化的综合发展；第五，红色旅游属于文化旅游，游客在参观过程中可以体验红色文化；第六，旅游活动发展具有明显的节庆性，如"七一""八一""十一"以及"五四"等；第七，红色旅游是一种可持续性的旅游活动；第八，红色旅游是党的奋斗史的写照；第九，红色旅游作为政治工程、文化工程，在我国社会主义现代化建设过程中有重要作用。

（二）中国红色旅游资源解读

1. 红色旅游资源的类型

（1）按国家标准分类

现行的《旅游资源分类、调查与评价（GB/T 18972-2023）》国家标准中，旅游资源被分为 8 大主类、31 个亚类、155 个基本类型。在具体分类中没有涉及红色旅游资源的分类，只是在 E、F、H 主类中有涉及，并且被包含在基本类型中，而构成红色旅游资源的要素被忽略了，不能全面反映红色旅游的基本构成及其价值。

（2）按属性分类

按照红色旅游资源的属性可分为物质实体性红色旅游资源和非物质实体性红色旅游资源。

物质实体性红色旅游资源，也称作物化型红色旅游资源，指具有物质实体的红色旅游资源。主要表现为革命遗址、遗迹、纪念物、纪念地、纪念建筑等，其主要的吸引力在于它的历史、科学和教育及艺术价值。物化的红色旅游资源是开展红色旅游的物质载体，它种类繁多，主要可分成两类：①遗址类：革命事件、活动遗址，名人故居，革命老区、根据地；②纪念场所类：陵园、纪念馆、墓祠和其他。

非物质实体性红色旅游资源，也称作精神型红色旅游资源，指不具有物质实体的红色旅游资源，实际上是指需要通过显现而具有直观性才能成为旅游资源的红色文化资源，包括革命精神、革命事迹（故事）、革命历史歌曲、红色记忆等，如延安精神、《南泥湾》《八女投江》等。其中，形成于不同历史时期的革命精神非常丰富和珍贵，如井冈山精神、长征精神、延安精神、西柏坡精神、大庆精神、焦裕禄精神、雷锋精神、航天人精神等，另外还有丰富多彩的节庆纪念日资源。

（3）按目的分类

按照旅游活动的目的和性质可以将红色旅游资源分为教育型、科考型和感受型。

教育型是以进行爱国主义和革命传统教育为主要目的的红色旅游资源，如各地的烈士陵园、纪念馆。它们还可以细化，按照性质和主题再分类。按照性质可以划分为民族革命、农民革命、资产阶级革命、无产阶级革命（含新民主主义革命和社会主义革命）、社会主义建设、改革开放和其他等；按照主题可以划分为爱国主义教育、国防教育、革命传统教育（理想信念教育、党风廉政教育和群众路线教育）和两个以上主题组合类型等。

科考型主要指具有历史、社会或军事研究价值的红色旅游资源，如重要的革命战争遗迹。

感受型是以特殊的经历和享受、体验革命时代的精神为主的红色旅游资源，如红军长征资源等。

（4）综合分类

红色旅游由于其历史内涵不同，决定了其品位高低和教育功能层次有别，而不是千篇一律。仅仅依靠旅游学概念，离开政治学标准，许多问题说不清楚。在充分研究红色旅游教育几个层次内涵的基础上，可以把红色旅游资源分为如下几类：一是战争和重大事件的发生地；二是重要会议的会址；三是重要机构的所在地旧址；四是名人故居或纪念堂；五是革命烈士陵园；六是相关纪念馆；七是社会主义现代化建设的重大工程、成就；八是重要节事活动资源；九是非物质文化遗产等。这样的分类有利于红色旅游活动景点合理搭配、充分利用和有效避免具体的红色旅游资源的优势与不足，防止人为抬高或降低红色旅游资源的价值，有利于实现红色旅游资源最佳的社会效能。

2. 红色旅游资源的分布

（1）时间分布

从1840年鸦片战争至今，按照历史发展顺序，可分为旧民主主义革命时期、新民主主义革命时期、土地革命时期、红军长征时期、抗日战争时期、解放战争时期、社会主义建设时期七大类红色旅游资源。

旧民主主义革命时期：鸦片战争的爆发加速了中国沦为半殖民地半封建社会的进程，随后发生了一系列反帝反封建的爱国主义革命活动，旨在探索中国独立、富国强国、摆脱帝国主义压迫的道路，主要有太平天国运动、洋务运动、义和团运动、辛亥革命等，它们所包含的革命精神均属于红色旅游资源的范畴。

新民主主义革命时期：五四运动的兴起标志着新民主主义革命的开始，中国共产党成立后集中领导了第一次工人运动高潮，1924年国共实现第一次合作，在革命统一战线旗帜下，进行国民大革命，基本上摧毁了北洋军阀势力，打击了帝国主义，其间与之相关的一系列活动和革命精神都是红色旅游资源。

土地革命时期：该阶段主要创建了红军，建立了井冈山革命根据地和红色政权，以中央、湘鄂西、海陆丰、鄂豫皖、琼崖、闽浙赣、湘鄂赣、湘赣、左右江、川陕、陕甘、湘鄂川黔为主的12个红色根据地都已定为革命老区，是红色旅游资源的重要组成部分。

红军长征时期：红军长征经过赣、闽、粤、湘、黔、桂、滇、川、甘、宁、陕等省，沿途有很多革命遗迹，如遵义会议旧址、各大会师地点等。这些历史遗留的红色旅游资源提供了现代人与长征精神近距离耦合的可能，而从这种耦合的过程中挽留住当代人已经失去或渐渐失落的长征精神，是长征资源开发的真正意义和价值之所在。

抗日战争时期：抗战爆发后有很多战役、革命根据地以及重要人物和革命事迹，如卢沟桥事变、台儿庄战役、百团大战、晋冀鲁豫抗日革命根据地等，都是现今进行爱国主义教育的重要题材。

解放战争时期：中国人民解放军在中国共产党的领导和广大人民群众的支援下，为推翻国民党统治、解放全中国进行了长达四年之久的战争。著名的辽沈、淮海、平津三大战役和渡江战役是此阶段的重要标志，而由此形成的历史文化资源也都是红色旅游资源。

社会主义建设时期：中华人民共和国成立后，中国共产党领导全国各族人民在革命建设中同样留下了众多的建设遗迹和建设精神，如纪念馆、博物馆、烈士陵园、南京长江大桥等物质存在及其所承载的焦裕禄精神、"两弹一星"精神、九八抗洪精神等这些以新中国轰轰烈烈的创业史为主要内容的史迹；党的十八大以来，以习近平同志为核心的中央领导集体，立足新阶段、新起点、新长征，在深入推进伟大斗争、伟大工程、伟大事业的崭新的历史创造过程中，提出了一系列治国理政新理念新思想新战略，实现了实践创新、理论创新、制度创新、文化创新以及各方面创新，形成了系统完整、逻辑严密的科学理论体系。在中国特色社会主义新时代，我国在社会主义核心价值观、脱贫攻坚建设、乡村振兴建设、文旅融合建设、生态文明建设、重大工程建设、国防军事现代化建设、大国外交建设等方面取得的重大成就和重大成果，也是新时代红色旅游的重要资源。

（2）空间分布

我国红色旅游资源丰富，在空间范围内呈分散与集中相结合的方式分布，分散是在全国范围内各个地域均有分布（见表1），集中是在分散的基础上又有一定的集中态势，《一期规划》将我国的红色旅游资源分为了12个重点红色旅游区（见表2）。

表1 红色旅游资源区域分布

区域	数量（个）	区域	数量（个）	区域	数量（个）	区域	数量（个）
北京	15	上海	7	湖北	14	云南	9
天津	6	江苏	11	湖南	14	西藏	5
河北	14	浙江	10	广东	13	陕西	13
山西	9	安徽	8	广西	5	甘肃	10
内蒙古	8	福建	9	海南	8	青海	5
辽宁	12	江西	11	重庆	4	宁夏	4
吉林	8	山东	13	四川	9	新疆	8
黑龙江	12	河南	14	贵州	8	新疆生产建设兵团	4
总计（个）				300			

表2 12个重点红色旅游区

旅游区名称	主题形象	地域范围	所属省市	地区划分
沪浙红色旅游区	开天辟地，党的创立	以上海为中心	上海、浙江	东部地区
湘赣闽红色旅游区	革命摇篮，领袖故里	以韶山、井冈山和瑞金为中心	湖南、江西、福建	中部地区
左右江红色旅游区	百色风雷，两江红旗	以百色地区为中心	广西	东部地区
黔北黔西红色旅游区	历史转折，出奇制胜	以遵义为中心	贵州	西部地区
雪山草地红色旅游区	艰苦卓绝，革命奇迹	以滇北、川西为中心	云南、四川	西部地区
陕甘宁红色旅游区	延安精神，革命圣地	以延安为中心	陕西、甘肃、宁夏	西部地区
东北红色旅游区	抗联英雄，林海雪原	以松花江、鸭绿江流域和长白山山区为重点	黑龙江、吉林	中部地区
鲁苏皖红色旅游区	东进序曲，决战淮海	以皖南、苏北、鲁西南为中心	山东、江苏、安徽	东部、中部地区
大别山红色旅游区	千里跃进，将军故乡	以鄂豫皖交界地域为中心	湖北、河南、安徽	中部地区
太行红色旅游区	太行硝烟，胜利曙光	以山西、河北为中心	山西、河北	东部、中部地区
川陕渝红色旅游区	川陕苏区，红岩精神	以渝中、川东北为重点	重庆、陕西、四川	西部地区
京津冀红色旅游区	人民胜利，国旗飘扬	以北京、天津为中心	北京、天津、河北	东部地区

从以上两表可看出红色旅游资源的时空分布特点：首先从时间分布来看，红色旅游景区（点）的分布并未严格地按照某一时间链的顺序形成前后相继的串联格局，多数景区（点）在时间分布上有着相互交叉的地方或相似的内容，同一革命历史时期的景区（点）散布于各个不同的地方。其次从空间角度来说，红色景区（点）在我国的中、西部地区分布较为分散；东部地区的景区（点）总体来说分布相对集中。多数红色旅游区地跨两个以上的省市，甚至跨越中、西部两个地区，旅游区之间的空间距离较远，即使是在同一旅游区内，红色景区（点）也是较为分散地分布在不同的地点。

3. 新时代红色旅游资源的开发

（1）红色景点景区建设概况回顾

红色旅游起源于建国初期人们到革命圣地和纪念地去学习和参观的活动，经过60多年的发展已经演变成为一种全国性的红色旅游主题活动。红色旅游景区也随着利用红色文化资源发展红色旅游的理念变化发生着变化，从最初的革命纪念地逐渐成为红色旅游的载体，经历了这样的发展过程：革命纪念地—革命传统教育基地—爱国主义教育基地—红色旅游景区。我国红色旅游景区的建设历程按照旅游发展过程中发生的重大事件和国家颁布的政策对红色旅游发展所产生的影响来进行阶段的划分，可以分为以下三个阶段。

第一阶段：从革命纪念地到革命传统教育基地阶段。革命圣地、纪念地、参观点是重要的旅游资源，长期以来一直被作为爱国主义教育、革命传统教育、政治思想教育的阵地，如嘉兴、井冈山、瑞金、遵义、延安、西柏坡等，作为革命教育基地的形象早已深入人心。由于这种形象和特征，新中国成立以来，人们就有组织地前往参观学习，主要目的是接受革命传统教育。1961年3月，国务院正式公布了第一批全国重点文物保护单位，其中有33处革命遗址及革命纪念建筑物，包括韶山冲毛主席旧居、中央机关旧址、井冈山革命遗址、瑞金革命遗址、延安革命遗址、三元里平英团遗址等。国务院的通知指出，各省、自治区、直辖市人民委员会应当根据"文物保护管理暂行条例"的规定，在短期内组织有关部门对本地区内的全国重点文物保护单位划出保护范围，做出标志说明，并逐步建立科学纪录档案，做好保护管理工作。这时期主要是在对一些重要的革命历史文化遗产的保护和管理基础上开展的瞻仰、参观、学习等活动，凸显了革命纪念地作为革命传统教育基地的价值。

第二阶段：革命传统教育基地向红色旅游景区转变阶段。1978年，党的十一届三中全会胜利召开，实行改革开放，转换机制，发展产业型旅游业。随后，中国旅行游览事业管理局更名为中国国家旅游局，中国旅游业开始向市场化运作转变。1983年，中国加入世界旅游组织。"六五"计划时期，入境旅游有较大提高，国内旅游开始起步;"七五"计划时期,入境旅游继续发展,国内旅游有较大发展。在国内旅游迅速发展的大背景下,不少革命圣地和纪念地也开始转变观念,依托已有的资源和基础条件,参与旅游接待。革命老区的旅游发展逐渐从事业接待型、政治接待型向市场经营型转变。1986年,国家开始拨专款用于促进延安、韶山、井冈山等一些革命纪念地的旅游基础设施建设。1982年2月,国务院公布国家文物事业管理局提出的第二批全国重点文物保护单位,其中包括林则徐销烟池与虎门炮台旧址、太平天国天王府遗址、义和团吕祖堂坛口遗址、安源路矿工人俱乐部旧址、八七会议旧址、西安事变旧址、白求恩模范病室旧址、西柏坡中共中央旧址、北京宋庆龄故居、宋庆龄墓等革命遗址及革命纪念建筑物共10处。1988年1月,国务院公布了第三批全国重点文物保护单位,其中包括洪秀全故居、中华全国总工会旧址等革命遗址及革命纪念建筑物共41处。1996年11月国务院又公布第四批全国重点文物保护单位,包括近现代重要史迹及代表性建筑共50处。由此可见国家对革命纪念地保护的重视程度,显示了政府主导的功能,红色旅游资源因此得到了很好的保护和利用。20世纪90年代中后期,党和国家多次组织重大纪念活动,如纪念抗战胜利50周年、纪念红军长征胜利60周年、庆祝建国50周年等,宣传规模和投资力度都空前加大,为革命纪念地的建设和发展注入了强大动力,为红色旅游景区的发展打下了坚实的物质基础。

1994年8月23日,中宣部颁布了《爱国主义教育实施纲要》,明确提出建设爱国主义教育基地,使革命传统教育基地向爱国主义教育基地转变。1996年11月,国家教委、民政部、文化部、国家文物局、共青团中央、解放军原总政治部决定命名和向全国中小学生推荐百个爱国主义教育基地。1997年7月,中宣部向社会公布了首批百个爱国主义教育示范基地,并以此影响和带动全国爱国主义教育基地的建设。其中,反映中华民族悠久历史文化内容的有19个,反映近代中国遭受帝国主义侵略和我国人民反抗侵略、英勇斗争内容的有9个,反映现代我国人民革命斗争和社会主义建设时期内容的有75个。2001年6月11日,中宣部公布了以反映党的光辉历史为主要内容的第二批百个爱国主义教育示范基地。爱国主义教育基地因为国家、地方的重视和投入,开始向旅游景点发展过渡。在爱国主义教育基地参观的人群中,以旅游者的身份来的人数已经在逐渐增加,红色资源开始向红色旅游资源过渡发展,爱国主义教育基地已经具有参观学习和旅游休闲的双重功能。

1999年江西率先提出了"红色旅游"的概念。从2000年开始,在报纸、期刊上陆续出现了红色旅游的相关研究成果,这些理论研究成果反过来也进一步推动了红色旅游的发展。2001年,国内部分革命纪念地陆续成立了区域性的红色旅游协作组织。很多爱国主义教育基地被纳入旅游项目,成为旅游产品,红色旅游景点、红色旅游景区

也相继出现，红色旅游的教育功能得到强化，红色旅游兴起。据有关资料显示，革命圣地延安从1990年至2002年累计接待国内外旅游者1343.5万人。红色旅游的经济功能凸显，逐渐市场化，成为革命老区的经济增长点。

第三阶段：红色旅游景区蓬勃发展阶段。从2004年开始，中央开始大力提倡发展红色旅游，红色旅游景区进入蓬勃发展阶段。《一期规划》对红色旅游的发展规模和发展步骤有明确指示。它在旅游产品、接待旅游者数量以及增加收入和创造就业等方面做了明确规划。

根据《一期规划》的要求，原国家旅游局等十四部委联合印发了《全国红色旅游经典景区第一批名录》共100个景区；根据2011年修订的《二期规划》的要求，原国家旅游局等十四部委再次联合印发了《全国红色旅游经典景区第二批名录》和《全国红色旅游经典景区第一批名录（修订版）》，其中第二批名录公布了127个景区，第一批名录（修订版）公布了122个景区（包括第一批公布的100个），共计249个景区；2017年1月，原国家旅游局等十四部委联合印发了《全国红色旅游经典景区名录》，新增景区与第一、二期经典景区经过系统梳理整合，形成了一个统一的300处的名录，今后不再区分第一、二期名录。这些景区既是红色旅游重要的资源，也是重要的红色旅游产品，这是我国红色旅游产业赖以发展的主体性载体。

红色景区发展受到各部委和各地方的积极重视。原国家旅游局发布《红色旅游经典景区服务规范》（LB/T055—2016），从2017年5月1日起实施，要求红色经典景区的各级管理部门要按照服务规范，提升红色旅游经典景区的管理水平，提高红色旅游经典景区服务质量，确保红色旅游经典景区的健康发展。交通运输部编制印发《全国红色旅游公路规划（2017—2020年）》，确定126个红色旅游公路项目，建设总里程约2442公里，其中中西部地区建设里程占比达90.8%。中宣部印发《关于在旅游开发中规范利用名人效应坚持正确历史观和历史标准的通知》，推动对各类旅游场所特别是红色旅游景区的管理。教育部等十一部门联合印发《关于推进中小学生研学旅行的意见》，并在全国遴选命名第一批研学实践教育基地，其中包括54个红色旅游景区，占基地总数的27%；据悉，即将公布的第二批研学实践教育基地，又有一批红色旅游景区位列其中。各地党委政府结合实际纷纷制定出台"十三五"红色旅游发展纲要（规划）、实施意见（方案），打造新兴红色旅游景区，推出红色旅游产品，塑造红色旅游品牌。

全国红色旅游景区基础设施条件和服务水平显著提升，旅游者数量取得了持续快速增长。红色旅游景区年接待游客由2004年的1.4亿人次增长至2019年的14.1亿人次，年均增长15%以上，抽样调查显示，目前78.8%的红色旅游游客为散客，且15~35岁的游客占到总体的64.6%，越来越多的"80后""90后"的年轻群体乐于通过旅游的形式感受红色精神。走进红色旅游景区,接受红色精神洗礼,已经成为社会新风尚。

(2)红色旅游景区建设特点总结

一是红色旅游内涵进一步丰富,以经典景区为主体的产品体系日益完善。近年来中央共投入红色旅游专项资金百亿元,使纳入名录的300处全国红色旅游经典景区、系列景点得到有效保护和建设,基本形成覆盖全面、内涵丰富、特色鲜明的红色旅游景区体系。

二是红色旅游景区的接待设施和配套设施逐步完善。一些革命文物资源丰富、基础设施较完善、展陈效果较好、教育功能突出、有一定品牌知名度的景区得到重点支持,道路交通和服务设施条件逐步完善,提升必要的接待能力,红色旅游经典景区基础设施条件和服务水平显著提升。

三是红色旅游景区成为爱国主义和革命传统教育的重要载体。红色旅游景区积极加强与学校的合作,组织红色教育进校园,推动大中小学生社会实践活动与红色旅游相结合。红色旅游景区与党员干部教育基地结合,把党校学员放到红色旅游景区景点实地教学,创新了形式,提高了质量。广大人民群众特别是青少年通过游览红色旅游景区,深刻了解党带领全国各族人民不懈奋斗的光荣历史和伟大历程,坚定"四个自信",坚定不移跟着中国共产党走,传承红色基因,增强改革创新、敢于担当的勇气和力量。红色旅游的发展,推进了爱国主义和革命传统教育大众化、常态化。

四是红色景区的融合开发进一步扩大了红色旅游的综合效益,拓展了振兴老区、脱贫致富的有效途径。新时代红色旅游更加注重综合效益,把政治文明建设与生态文明建设融合,把旅游与扶贫、文化、创新等新业态积极融合。特别是,一、二、三期纲要实施以来,各级党委政府对革命老区发展红色旅游在政策上给予倾斜,在资金上给予扶持,在规划上给予指导,在开发上给予定位,使老区的红色旅游资源优势逐步转化为经济优势。文化和旅游部加强对"三区三州"等深度贫困地区的旅游基础设施和公共服务设施项目建设,在"十三五"文化旅游提升工程中增补深度贫困地区一批旅游基建投资项目。实践证明,发展红色旅游能够有效优化老区产业结构,对老区人民收入的拉动作用明显。

五是加强了革命文物、遗产资源的系统科学保护。通过三期红色旅游建设,加强革命文物和文献资料的发掘、征集、整理、研究和利用工作,利用文献档案展现历史事实,讲好革命故事,提升陈列布展、讲解解说规范化水平。开展了历时四年的全国革命遗址普查,出版《全国革命遗址普查成果丛书》,积极推进红色历史文化资源的数字化保护和有效传承,保护和修缮了一大批重要革命历史文化遗产。

(3)新时代红色旅游景区建设需要重视的问题

红色旅游景区在十余年的积极建设发展中还存在一些薄弱环节，需要我们在下一阶段的工作中予以重视，使新时代红色旅游景区能够进一步健康发展，为新时代中国建设事业发挥重要作用。

一是理论探讨不够。对红色精神的凝炼、红色文化的认识还需要进一步增强，未来需要加深对红色旅游的理论认识，加深对发展红色旅游景区的重要性的认识，进一步扩大外延，将更多体现党伟大领导的成果纳入新时代红色资源的范畴中来，进一步扩大红色景区的范围。

二是文化挖掘不够。一些地方仍然存在重硬件、轻软件的问题，少数地方在纪念设施建设上贪大求洋、追求奢华、过度开发，破坏原有的红色旅游意义，对于文化内涵特别是展示内容挖掘不够，手段缺乏创新，个别地区红色旅游景区开发偏离主题。

三是产业融合不够。产品内容上，红色旅游应该加强与自然旅游、乡村旅游、文化旅游、民俗旅游等结合，使红色旅游产品和其他旅游产品互为补充，互相促进，相得益彰。

四是红色旅游景区人才缺乏、机制不活等问题仍较为突出。熟悉规划设计、善于经营管理的专门人才还比较缺乏，导游导览队伍也需要进一步完善，全社会的志愿力量还没有完全融入红色旅游景区的建设中来。

（4）新时代红色景区建设应突出六大意义

新时代红色旅游景区应有助于坚持和加强党的全面领导。新时代红色旅游景区应进一步强化红色文化在理想信念教育中的作用。党的十九大报告指出："意识形态决定文化前进方向和发展道路。必须推进马克思主义中国化时代化大众化，建设具有强大凝聚力和引领力的社会主义意识形态，使全体人民在理想信念、价值理念、道德观念上紧紧团结在一起。""广泛开展理想信念教育，深化中国特色社会主义和中国梦宣传教育，弘扬民族精神和时代精神，加强爱国主义、集体主义、社会主义教育，引导人们树立正确的历史观、民族观、国家观、文化观"。红色文化渗透着对共产主义远大理想和中国特色社会主义共同理想的向往、对民族精神的传承、对时代精神的创造，是社会主义核心价值体系的内在组成部分；红色文化资源内容生动、感染力强，在社会主义核心价值观教育方面具有极强的说服力；红色文化资源分布广泛、易于开发，具有广泛的适应性和针对性，是社会主义核心价值体系建设的文化基础、文化资源和文化素材。挖掘红色文化的内在价值，大力传承与弘扬红色文化，对培育和践行社会主义核心价值观具有重要意义。

新时代红色旅游景区应有助于更好地发挥红色旅游的宣传教育功能。新时代红色旅游是新时代革命传统教育和新时代爱国主义教育的新形式。新时代红色旅游寓教于游、寓游于教，是新时代爱国主义教育方式的创新。将新时代中国特色社会主义的建设成就与先进人物、共产党人的优良作风与优良传统，英雄模范的革命传统与革命精神，通过旅游的方式传输给人民群众，不仅有利于挖掘新时代红色旅游资源的价值内涵，而且能够有效增强爱国主义教育功能，着力推动新时代红色旅游实现高质量发展，为更好弘扬社会主义核心价值观、传承发扬革命精神和红色文化、团结凝聚全国各族人民共同为实现中华民族伟大复兴中国梦而努力奋斗发挥重要作用。

新时代红色旅游景区应有助于进一步扩大红色旅游的综合效益，决胜全面建成小康社会。新时代红色旅游更加注重综合效益，把政治文明建设与生态文明建设同新时代中国特色社会主义物质文明建设与精神文明建设有机结合，使新时代红色旅游的政治功能、生态功能、经济功能、文化功能最大限度地发挥，从而促进红色旅游产业发展良性循环。在这一进程中，能够有效提炼新时代红色旅游景区所蕴含的红色文化内涵，将在新时代中国特色社会主义建设过程中涌现的英雄模范与先进人物，以及他们的英雄事迹与模范传统更好传承下去，更好地引导和教育人民，真正扩大新时代红色旅游的综合效益。

新时代红色旅游景区应有助于平抑我国不平衡不充分的区域旅游发展格局，推动经济高质量发展。新时代红色旅游是红色旅游在习近平新时代中国特色社会主义思想指引下与时俱进的产物，既是观念的创新，也是产业的创新，是我国旅游产业一个新的重要组成部分。新时代红色旅游资源的分布从东南沿海到雪域高原，从商业经济重镇到绿水青山、冰天雪地，绵延曲折，逶迤万里。开发新时代红色旅游景区不仅能够有效带动资源属地脱贫致富，为当地经济社会发展注入新的生机活力，而且有助于平抑我国不平衡不充分的区域旅游发展格局，促进我国旅游产业实现更高质量发展。

新时代红色旅游景区建设应有助于铸就中华文化新辉煌。中华文明是世界上唯一一个没有中断的文明。红色文化是中华文明和文化发展中最为宝贵、最为辉煌、最为灿烂的组成部分。新时代革命精神、红色文化的丰富、发展有着丰富的实践。红色景区应成为凝聚红色文化和红色基因的中坚力量、团结和教育广大群众的主要载体。

新时代红色旅游景区建设应有助于推进生态文明建设，建设美丽中国。深入推进生态文明建设、建设美丽中国，是我们完成和实现"'十四五'规划和二〇三五年远景目标"的重要条件，更是新时代红色文化和红色旅游必须予以记载和呈现的重要内容。基于生态文明视阈的文化旅游，凸显生态文明实践，通过发展建设新时代红色旅游景区成为地方社会经济发展的新引擎，有效助推建设社会主义生态文明，推进生态建设。

（5）新时代红色旅游景区发展应实现五大要求

一是拓展内涵，注重宣教。进一步拓宽时代精神内涵，注重挖掘中国特色社会主义建设时期，对党和国家建设有重大影响的事件、人物和遗存，加强红色旅游景区的宣传教育功能，进一步释放人民群众的爱国热情。新时代红色旅游景区所蕴含的红色文化遗产，主要是十八大以来中国特色社会主义建设进入新时期的重要纪念地、纪念馆、纪念物及其所承载的新时代中国特色社会主义建设革命精神。新时代的红色文化遗产与革命精神同样是中华民族宝贵的精神财富，且由于其具备典型的真实性与鲜活性，更加容易被人民群众理解、认识、感知、接受。对新时代红色旅游景区加大投入，包括交通、餐饮、住宿及其他各项配套服务等，在方便游客的同时，将更容易吸引游客的到来，促进当地红色旅游发展，有利于进一步强化人民群众的国家荣誉感与民族认同感，有利于进一步释放人民群众的爱国热情，有利于进一步加强新时期的爱国主义教育。

二是转型升级，创新载体。新时期的红色旅游景区发展，既要坚持将革命传统教育使命放在首位，发挥其社会功能，也应充分挖掘和延展内涵，坚持产业化发展方向，通过市场化提高经济效益，从而增加红色旅游发展的可持续性，更大程度地发挥其经济效益。走市场化运作的道路，建立红色旅游的市场化运作机制，是发展红色旅游的必由之路。要继续突破和转变观念，将市场观念贯穿于红色旅游的规划发展中，真正把红色旅游资源优势转化为市场品牌优势。要以国家规划、民间投资、市场运作的方式，广泛吸纳企业、社会资金参与开发红色旅游产业，实现红色旅游资源的有效整合和优化配置。要使红色资源转化为市场优势，关键还在于多元化产品的开发和宣传营销力度的加大，进而打造红色旅游精品，提高红色旅游品牌影响力。鼓励引导景区、企业技术创新、产品创新、商业模式创新，创建经典产品，让创新成为红色旅游发展的核心动力。发挥"大众"创新创业主群体作用，以完善红色旅游景区体系为抓手，出台支持创新创业政策意见，搭建场地、资金、技术、市场等方面平台，吸引社会力量和人才，惠及当地群众。

三是突出统筹，强化管理。统筹建设红色旅游景区体系，扩大红色旅游景区覆盖范围。在践行习近平新时代中国特色社会主义思想、彰显党的精神方面取得标志性成就的区域，利用长征、长城、大运河沿线革命文化遗存和战争遗址，丰富红色旅游景区的类型，遴选更多新时代红色旅游景区，形成覆盖更加全面、布局更加合理、内涵更加丰富、特色更加鲜明的红色旅游景区体系。全面实施红色旅游景区提质培优五年行动计划，在现有红色旅游经典景区中，遴选部分有代表性、品牌形象突出、基础条件较好的景区，更加注重软件建设，始终坚持内涵发展，建成面向全国以及全世界的优质红色旅游景区，对红色旅游经典景区服务实施动态管理。各地各部门加强监督检查，探索建立红色旅游持续健康发展监督监管机制。发挥各地监督检查作用，及时解决红色旅游发展过程中的问题。建立问题反馈机制，通过约谈、通报等方式，加强对红色旅游景区的动态监管。

四是加强融合，多维带动。统筹利用多方资源，始终坚持融合发展。推动红色旅游和观光旅游、文化旅游、乡村旅游、休闲度假旅游等其他旅游产品相结合，形成以红色旅游为主题、形式多样的复合型旅游产品和线路，满足多样化、多层次的旅游消费需求，实现红色旅游转型升级、提质增效。新时代红色旅游景区应更好体现文化与旅游的有机融合。习近平总书记在博鳌亚洲论坛2018年年会开幕式讲话中明确提出要"加快融合发展"。融合发展是社会发展重要规律之一，是一种蕴含着巨大潜力的趋势。在文旅融合发展理念的指引下，与新时代红色旅游相关的食、住、行、娱、购等红色旅游服务产品的开发问题，直接关系到游客的满意度与景区收入。新时代红色旅游景区将更加重视新时代红色旅游产业与中国特色社会主义先进文化的有机融合，将新时代红色旅游与文化旅游、生态旅游、山水旅游、康养旅游、研学旅游、乡村旅游等多种旅游形式和业态相结合，并从创新新时代红色旅游形式入手，达到弘扬传统、振奋精神的最佳效果。

五是央地整合，讲求实效。中央投资要重点向中西部地区和东部革命老区红色旅游经典景区建设倾斜，中央财政要加大对重要革命文物保护和陈列布展的经费补助力度，支持与红色旅游经典景区直接配套的干线公路建设。地方积极整合各类资源，搭建社会参与平台，引导企业、银行、社会组织等参与红色旅游发展。完善政策扶持对企业、个人等通过公益性社会团体或县级以上人民政府及其部门，用于红色旅游公共博物馆、纪念馆、烈士纪念设施和爱国主义教育基地等捐赠支出。鼓励党政机关、企事业单位、大专院校、部队等与红色旅游地区开展结对帮扶和共建活动。对发展前景好的红色旅游重点项目，给予先导性政策。

（6）我国红色旅游资源的开发原则

可持续发展原则。红色旅游资源的开发，应该是以可持续发展为原则的。正确处理我国的红色旅游资源与生态环境保护。在我国目前的旅游资源中，由于过度开发出现了旅游资源的负担过重。那么，针对红色旅游资源来说，应该达到永续利用的目的，加强对红色旅游资源的开发治理，并且针对红色旅游资源的文献资料、遗址、纪念馆等都是要加以保护和修缮的，使得红色旅游资源能够永葆历史风貌。同时在红色旅游资源的开发中，应该通过环保旅游的方式，使得红色旅游资源能够得到很好的保护文物，使其进入一个良性互动发展的轨道。

环境承载力原则。任何一个地方的旅游资源都是有着一定的环境承载力的，所谓环境承载力指的是区域旅游资源和生态环境等诸因素在没有受到消极影响的前提下所能接纳的最大旅游活动量。环境承载力包括感知承载量、资源承载量、经济发展承载

量、生态承载量。在红色旅游资源的开发过程中应该遵循环境承载力。红色旅游资源的一个重要功能就是教育,那么在开发过程中切忌只追求经济利益,而忽略了旅游资源环境承载能力,使得红色旅游资源在空间上过度拥挤,给人一种不适感。红色旅游资源的开发应该是在环境承受能力范围内进行的,避免过度开发、浪费红色旅游资源。

大旅游发展原则。红色旅游作为我国重要的爱国资源,其在教育功能的开发上应该占据非常重要的地位。除教育功能外,红色旅游资源应该是要深度挖掘的,应该树立大旅游发展意识。所谓大旅游发展原则就是使旅游资源能够形成多产业、多行业运作的一种发展方式。那么,我国的红色旅游资源在开发过程中应该遵循这样的一个原则,在利用已有的红色历史人文意义的基础之上,再加上自然资源,使得我国的红色旅游资源能够得到很好的发展,形成以红色旅游为主,生态、观光、游学、科考等旅游为辅的多种类型旅游相辅相成的大旅游格局。

(7)未来我国红色旅游的开发战略

整合红色旅游资源。我国的红色旅游资源在分布上是与其他旅游资源紧密结合的,那么红色旅游资源在未来的开发战略过程中,应该充分结合自身特点进行开发。应该确定红色旅游资源的主题,根据其特征再综合其他旅游资源,对红色资源进行整体的编排组合。旅游资源让旅客愉悦,给受众带来一定的审美体验、情操感染等为基础的。那么,对于我国的红色旅游资源来说,应该将红色旅游资源进行整体的开发,使得受众能够得到多方面的体验。同时,整合红色旅游资源可以将其与身边其他旅游资源进行统一的编排,使得红色旅游资源在地理空间上能够与其他旅游资源进行综合规划,得到更好的发展。总而言之,不能将红色旅游资源看作孤立的个体,而应该从整体上对红色旅游资源进行发展。

加大旅游投入。目前,我国的红色旅游资源在发展上存在着一个重要的问题就是资金不足。从我国红色旅游资源的分布状况来看,我国的红色旅游资源很多在我国老少边穷地区,无论是从经济发展还是从交通状况上来说都是落后的,所以在未来的发展过程中,就要进一步加大对红色旅游资源的投入。首先,红色旅游资源在相关的配套设施方面还是不完善的,因此,国家在发展红色旅游资源的时候应该对此在政策上给予一定的扶持帮助。其次,红色旅游资源在投资上面临着一定的问题,在红色旅游资源景点应该充分发挥资金上的良性沟通。最后,对于红色旅游资源的投入,应该在一定的承受范围内,避免红色旅游资源投入的铺张浪费。

加强旅游促销活动。红色旅游景点也是离不开宣传手段的,对于红色旅游资源应该要进行科学、深度的包装,将红色旅游资源的革命历史意义充分挖掘出来,并运用现代高科技手段来吸引顾客的注意力。红色旅游资源因为具有单一的革命历史意义，所以人文意义是较强的，并且还兼具重要的教育意义。如何使得红色旅游资源能够进一步吸引旅客的注意力，就要通过多种手段进行。比如在旅游景点采用一些虚拟的技术手段，对革命的历史场景进行还原，使旅客能够较为真实地感受到当年的革命历史情景。同时，在红色旅游景点的宣传活动中，要充分结合一些重要的节日进行宣传，比如在建党、建国等节日当中，在红色旅游景区开展一些活动，进一步扩大红色旅游景区的知名度和影响力。

第二章
区域红色旅游资源与游线设计

2004年，《一期规划》将我国的红色旅游资源分为了12个红色旅游大区，分别是沪浙红色旅游区、湘赣闽红色旅游区、左右江红色旅游区、黔北黔西红色旅游区、雪山草地红色旅游区、陕甘宁红色旅游区、东北红色旅游区、鲁苏皖红色旅游区、大别山红色旅游区、太行红色旅游区、川陕渝红色旅游区、京津冀红色旅游区。

自全国12个红色旅游大区划定以来，各大区内省份相继出台红色旅游总体规划和相关详细规划，以"推红色""谋发展""富民强省""物质精神两手抓"为核心的红色旅游发展建设力度与日俱增。以红色旅游为主导，关联地方自然生态及风土人情的复合型旅游游线成为越来越多的游客首选的线路。每一条线路的设计，都是在为游客提供便捷、舒适、愉悦的服务的同时，让游客去感受红色文化和红色精神带来的心灵洗礼。红色旅游资源如何配套游线？游线中应如何设计红色旅游资源的亮点？如何将红色旅游资源物质作用和精神教育能力发挥到极致？山川形便划定的红色旅游大区又应如何协同地方经济社会发展？我们从各省区市的红色旅游资源入手，一并来看各个地方红色旅游游线的相关设计。

（一）华北区域

1.华北区的红色旅游环境及特色资源解读

（1）华北区的红色旅游环境

华北区指我国秦岭—淮河线以北，长城以南的广大区域，包括北京市、天津市、河北省、山西省、内蒙古中部（呼和浩特市、乌兰察布市、包头市、鄂尔多斯市）。其中京津冀地区是我国北方经济规模最大、最具活力的地区。现今，华北区拥有我国12个重点红色旅游区中的2个：以山西、河北为中心的"太行硝烟，胜利曙光"太行红色旅游区；以北京、天津为中心的"人民胜利，国旗飘扬"京津冀红色旅游区。太行红色旅游区曾经是抗日战争的敌后主战场，是重要的抗日根据地。抗日战争中著名的百团大战以及狼牙山战斗、冉庄地道战、五丈湾地雷战、七亘村战斗、响堂铺战斗、神头岭战斗、太行区反"六路围攻"、晋东南反"九路围攻"等数百次战役战斗都曾在这里进行。解放战争中著名的上党战役、吕梁战役、汾孝战役，以及华北军区所进行的平绥路战役、热河保卫战、大同集宁战役、张家口保卫战、清风店战役、石家庄战役等数百次战役战斗，都曾在这里发生。京津冀红色旅游区有着光荣的革命历史，数百年来曾是中国政治文化的中心，反对外国入侵的战略要地，中国无产阶级革命的发祥地。该地区是全面抗日的前线，全国解放战争中，这里展开了清风店、石家庄、冀热察、新保安、天津战役等一系列战役。

北京拥有发展红色旅游的优势，红色旅游资源丰富。当前这些资源主要体现在展览馆、故居、活动旧址、陵墓、纪念地、战场、纪念性节日和区域综合类等8种类型中，这些类型几乎囊括了红色资源的基本形态，它们与北京近代革命斗争的不同形式以及各历史人物密切相关。与国内其他主要城市和红色旅游热点相比，数量众多、类型多样化以及反映出历史的连续性和完整性，无疑是北京红色旅游的一大优势。此外，北京的红色旅游资源广泛分布，各有重点：城区的资源反映了建党前后的革命历史；郊区的资源反映了抗日战争和解放战争的历史。城区资源虽然只占全市总量的1/3，但分布集中，精品较多，其反映的历史过程连续性强，相对完整。北京的红色旅游还具备优越的开发条件：北京作为首都以及全国的政治和文化中心，为红色旅游的发展提供了独有的优势。北京还是中国旅游的首选目的地和热点地区，旅游基本建设与接待服务水平已和国际接轨，每年接待的国内外旅游者已突破上亿人次，这为北京红色旅游的发展创造了良好的行业基础和市场环境。但与此同时，北京的红色旅游也存在着一些问题。首先，北京的红色资源虽然数量众多，但保护工作却相对薄弱：在北京数十年的发展建设中，尤其是在城市大规模的拆迁改造中，一些红色资源未能得到有效保护，甚至已经彻底消失。例如，位于长椿街的浙寺，曾是李大钊烈士的停灵之处，但在1986年夏全部拆掉了。类似情况时常发生，一些极有价值的革命遗址就这样消失了。因此，如果不加强保护，可能还会有红色资源继续消失。其次，北京红色旅游基础工作比较薄弱：北京对红色资源开发利用从不同角度进行的专项研究成果一直很少，尤其是缺少对红色资源开发战略的研究，使北京红色旅游的发展缺乏科学与明确的方向。

天津红色旅游环境具有独特的优势。第一，资源丰富。先辈故居、革命活动旧址、纪念馆、烈士陵园、纪念主题公园，数十个大大小小的景区构成了一幅立体的革命历史画卷。第二，主线明确。天津具有优良的革命传统，特别是从"五四运动"、天津共

产党的成立，历经三次国内大革命和抗日战争，一直到天津解放、新天津的腾飞，无数革命志士为之进行了艰苦不懈的斗争，遗留下了诸多革命活动的痕迹和可歌可泣的事迹，涌现出了一批批为人民、为党、为国家做出杰出贡献的领袖人物和革命先烈。第三，区位优势明显。天津背靠首都，东临渤海，北连秦皇岛、北戴河、承德，南通保定、石家庄，铁路、高速公路、国道四通八达，极利于发展区域旅游。第四，潜在的旅游消费群体庞大。近年来，天津经济和社会事业快速发展，老百姓生活水平日益提高，文化休闲消费需求日增，出游人数激增；天津对外开放程度很高，吸引了大批国内外游客来津游览。

近年来，河北省红色旅游发展势头良好，树立了良好的品牌形象，完善了基础服务设施，大幅提高了旅游产业综合效益。现在，红色旅游已逐渐成为河北旅游的重要名片，在国内外都具有较高的知名度。同时，基础服务设施的不断完善和旅游产业综合效益大幅提高，大大促进了河北省红色旅游的跨越式发展。但也存在一些不足，例如红色文化挖掘不深入、配套功能不完善、广告宣传不到位、管理体制较落后等。

山西把红色旅游资源和山西的自然和民俗风情进行组合开发。在漫长的历史长河中，山西奠定了丰厚的历史文化。晋北地区形成了内容博大精深的佛教文化区；晋中一带是最能反映山西特色的晋商文化区；晋南有滚滚黄河流过，这里是山西早期文明的产生地，也是根祖文化的集中地。在这三大地区，都不乏类型多样的各种红色旅游资源，把二者有机地结合，促进了红色旅游发展，突出了山西文化内涵，也让外地的旅游者全面了解了山西。

内蒙古红色旅游环境的特点为资源丰富，且具有其自身鲜明的特征。内蒙古红色旅游资源类型较全，涵盖多条旅游路线，同时，这些资源的历史跨度较为完整。此外，内蒙古自治区自身地理位置独特，作为中国北部地域面积跨度最长，与苏联直接接壤边境地区之一，内蒙古形成了独特的红色旅游文化。但内蒙古红色旅游资源的空间分布不均衡，多聚集在呼伦贝尔市、兴安盟、巴彦淖尔市。内蒙古红色旅游现存的问题有红色旅游资源空间差异显著，开发不平衡；缺少多元利用，可参观性不强；缺少展示场所，发展空间受限。

（2）华北区的红色旅游特色资源

在北京发生的抵御列强、戊戌变法、辛亥革命、新文化运动与五四运动、中国共产党的早期活动、长城抗战、一二·九运动、卢沟桥事变、敌后抗战、解放战争和开国大典等历史事件都是北京所特有的红色旅游资源，包括北京新文化运动纪念馆、天安门广场与城楼、北京长辛店、二七纪念馆、古北口战役遗址与"肉丘坟"、卢沟桥文化旅游区、焦庄户地道战遗址纪念馆、香山双清别墅等；反映孙中山、李大钊、毛泽东、鲁迅、宋庆龄等一批伟人行踪归宿的资源,包括碧云寺孙中山纪念堂、李大钊烈士陵园、毛主席纪念堂、鲁迅博物馆、宋庆龄故居、八宝山革命公墓等;反映了中国整个近代革命史的中国国家博物馆,集中反映中国近代革命战争的中国人民革命军事博物馆,全面反映中国各民族抗战的中国人民抗日战争纪念馆,集中反映和高度概括了中国近代革命胜利的天安门广场和城楼等,这些都是北京的红色旅游特色资源。

天津的红色旅游资源种类丰富。其中,平津战役纪念馆、周恩来邓颖超纪念馆和(原蓟县)盘山烈士陵园被列入全国30条红色旅游精品线路上的经典景区,是天津的红色旅游特色资源。

河北的大西柏坡红色旅游胜地、邯郸→涉县红色旅游带和承德→围场红色旅游带都是河北红色旅游特色资源。大西柏坡红色旅游胜地主要包括石家庄市、鹿泉、平山、灵寿、井陉矿区及保定阜平、唐县等县(市、区)的红色旅游资源。邯郸→涉县红色旅游带主要沿清漳河从西北到东南方向分布,包括涉县、武安、磁县、邯郸市区的红色旅游资源。承德→围场红色旅游带主要分布于承德市、围场县、隆化县、滦平县。

山西省是革命老区。八路军长期战斗在山西,和日本侵略者斗智斗勇,发生了很多著名的战役,如平型关战役和百团大战等。目前,在山西省遍布各个时期的革命遗址和纪念地,其中列入全国重点烈士纪念建筑物4处,包括临汾市烈士陵园、长治太行太岳烈士陵园、刘胡兰烈士陵园、兴县晋绥革命烈士陵园。8个红色旅游基地有武乡县八路军总部旧址及太行纪念馆、黄崖洞保卫战遗址、红军东征纪念馆、晋绥边区政府及军区司令部旧址、刘胡兰纪念馆、毛主席路居处、平型关战役遗址、太行纪念馆。20个红色旅游景区有百团大战纪念碑、黄崖洞兵工厂旧址、高君宇故居、山西国民师范革命活动纪念馆、徐向前故居、定襄县西河头地道战遗址、石评梅故居、左权将军殉难处等地,以上这些都是山西红色旅游特色资源。

内蒙古地区有多处革命遗址,包括中滩革命老区遗址、垦区暴动指挥部旧址、内蒙古民族解放纪念馆、五一会址、乌兰夫纪念馆、大青山抗日游击根据地展馆等,这些遗址中都包含着革命遗迹。同时,内蒙古红色旅游资源结合了该地区丰富多彩的民族文化和粗犷豪迈的草原文化,形成了鲜明的带有地域特色的红色旅游资源。

2. 北京红色旅游资源赏析与游线设计

(1)北京红色旅游资源赏析

北京市红色旅游资源具有以下特点:

数量众多。就其单体资源的数字来说,因涉及计算方法(如陶然亭内有慈悲庵和高君宇墓两处单体资源,应该计算为一处还是两处不好掌握)、分类标准、范畴界定(如天宁寺曾长期保存过邵飘萍烈士的遗骨,但此史实未进行过广泛宣传,相关部门未将其视为红色旅游资源）等问题，很难得出精确的统计数字，根据各种资料和调查的不完全统计，其单体资源有200余处。

类型丰富。就物质形态而论，北京地区的红色旅游资源包括了革命遗址、古建筑（曾为革命者利用进行革命活动之处，如陶然亭慈悲庵、福佑寺等）、纪念地、战场、陵墓、纪念碑、名人故居、博物馆、纪念馆、陈列馆及博物馆中陈列的相关文物等各种类型。

资源分布广泛。北京地域广，红色旅游资源分布亦十分广泛，在北京所有的16个区均有分布，其中新西城区、密云区、新东城区单体资源排在前三位。在分布广泛的同时，又有一定的侧重点，例如，在城区中心地带，以天安门和天安门广场为中心，包括其周边建筑，形成北京地区红色旅游的中心区，革命历史人物故居多分布于新西城与新东城两个城区的旧城范围之内。长辛店地区集中了二七大罢工的历史遗迹，丰台区集中了以卢沟桥事变为主要内容的抗日战争初期的历史遗迹，房山区、门头沟区、密云区则以抗日战争相持阶段平西、平北抗日根据地的革命遗址、纪念地、烈士纪念碑为重点。

反映的革命活动涉及各历史时期。北京自近代以来一直是国内政治斗争的重点区域，因此，北京地区红色旅游资源所反映的革命活动涉及自戊戌变法以来到新中国成立前后所有历史时期及各历史时期发生的重要的历史事件。又因为今日北京得天独厚的首都地位，中国国家博物馆、中国人民革命军事博物馆、中国人民抗日战争纪念馆等全国性的博物馆、纪念馆的陈列还集中概括反映了相应的历史阶段或相应领域的完整历史。

按照不同的分类标准，北京市红色旅游资源可分为以下几类：

按文物保护级别可分为国家级、市级、区级文物保护单位和文物暂保单位及暂未列入各级文物保护单位名录的建筑或遗址。其中国家级文物保护单位可纳入红色旅游资源范畴的有北京大学红楼、天安门人民英雄纪念碑、中南海、卢沟桥、宋庆龄故居、郭沫若故居、鲁迅故居等。其他国家级文物保护单位中亦有部分建筑属于该范畴，如颐和园内的景福阁1949年曾进行过国共和谈、碧云寺有孙中山先生纪念堂和衣冠冢等。市级文物保护单位有李大钊故居、军调部1946年中共代表团驻地、八路军冀热察挺进军司令部旧址等30余处。区级文物保护单位和文物暂保单位百余处，如通州区宋庄的平津战役前线指挥部旧址、东城区的汇文中学烈士纪念碑、密云区的古北口保卫战纪念碑等。还有未列入各级文物保护单位的遗址，如樱桃沟内的一二·九运动纪念亭和保卫华北石刻、丰台区长辛店京汉铁路员工浴池旧址等。

按不同历史时期及重大历史事件分类：北京地区自清朝末年戊戌变法以来，包括戊戌变法、辛亥革命、新文化运动与五四运动、中国共产党北方区党组织活动、二七大罢工、三一八惨案、长城抗战、一二·九运动、卢沟桥事变、八路军平西根据地敌后抗日、解放战争、中共地下组织的活动、国共和谈、北平和平解放、开国大典等，在不同的历史时期及重大历史事件中有许多可歌可泣的斗争事迹，留有许多标志性建筑或其遗迹、遗址。北京是五四运动的发祥地，北京大学红楼保存完整，现已辟为新文化运动纪念馆。以北大红楼为中心，包括民主广场、五四大街，形成五四运动的标志性建筑组合，其他纪念地如天安门广场、陈独秀旧居等均可纳入新文化运动与五四运动的范畴。1923年2月中国共产党领导京汉铁路工人发动震惊中外的二七大罢工，在丰台区长辛店一带留有一批革命遗迹，在丰台区陈庄大街有当年长辛店京汉铁路工人浴池，长辛店大街中段的火神庙（今长辛店派出所）门前为当年军警开枪镇压工人之处，长辛店大街174号是京汉铁路工人俱乐部旧址，长辛店大街祠堂口1号是当年工人补习学校旧址，在长辛店公园内还有二七烈士葛树贵和吴桢之墓。近年在长辛店花园南里建长辛店二七纪念馆。1926年，为抗议帝国主义侵略行径，发生三一八惨案，其发生地曾先后为清海军部、陆军部和段祺瑞执政府办公地，现已成为全国文物保护单位，圆明园内的三一八烈士纪念碑为市级文物保护单位。抗日战争时期的卢沟桥事变发生地卢沟桥及宛平城现已辟为青少年革命传统教育基地，并在宛平城内建立了中国人民抗日战争纪念馆。另外，如南苑战役和南口战役遗址、赵登禹烈士和佟麟阁烈士殉国处等均可归入卢沟桥事变范畴内。其他各历史时期和历史事件中亦均有代表性的遗址与纪念地。

按重要历史人物分类：许多重要的历史人物在北京期间，留有其从事革命活动及生活的场所。毛泽东20世纪20年代来京，曾先后居住于鼓楼豆腐池胡同和景山东街古安所左巷，今分别以杨昌济故居和毛主席故居之名定为文物保护单位。毛泽东在北京大学任图书馆管理员时工作过的新闻报纸阅览室、新中国成立前毛泽东在北京郊区的住所香山双清别墅等均属于国家级文物保护单位。鲁迅在北京期间，除曾居住于西城区宫门口西三条外，还有西城区八道湾、砖塔胡同、绍兴会馆等多处故居。著名新闻记者邵飘萍烈士所创办的《京报》馆旧址（位于魏染胡同）现为市级文物保护单位，其就义后的停灵处天宁寺亦已得到全面整修，现为国家级文物保护单位。康有为、陈独秀、刘少奇、宋庆龄、郭沫若、周恩来、蔡元培等伟人、名人、革命烈士均有相应的故居、革命活动场所、墓碑可寻。

按不同的物质形态可将红色旅游资源分为革命遗址与革命文物。其中革命遗址包括活动旧址、名人故居、陵墓、纪念碑、战场、纪念地等。活动遗址有位于西单小石虎胡同的蒙藏学校旧址、平西八路军冀热察挺进军司令部旧址等。名人故居有位于景山后街的毛泽东旧居、位于西城区宫门口和八道湾胡同的鲁迅故居等。陵墓、纪念碑有天安门广场上的人民英雄纪念碑、香山万安公墓内的李大钊烈士陵园等。战场有平谷区的鱼子山抗日战场遗址、顺义区的焦庄户地道战遗址等。纪念地有三一八惨案发生地等。革命文物则多集中于纪念馆、博物馆中。国家博物馆、首都博物馆等均拥有大量革命文物藏品与展品，如李大钊烈士就义时的绞刑架为国家博物馆所收藏。很多革命遗址亦已辟为革命纪念馆，或在附近新建纪念馆，如北大红楼辟为新文化运动纪念馆，李大钊烈士陵园建有李大钊烈士生平思想陈列室等，均展出大量相关革命文物。

按照资源所在地区可划分为城区、近郊区、远郊区三类。其中城区包括新西城区、新东城区，涉及红色旅游的单体资源的数量较多，以保存程度较好的名人故居、革命活动场所、大型博物馆和纪念馆、具有双重保护意义的革命遗址等为主。近郊区包括朝阳区、海淀区、丰台区、石景山区，以中小型专题纪念馆、烈士陵墓为主。远郊区包括延庆、密云、平谷、顺义、昌平、怀柔、大兴、门头沟、房山、通州，其中抗日战争时期平西、平北敌后抗日根据地遗址，以及战场、纪念碑、烈士墓等占有相当比例，且涉及其中大部分区，其中密云区单体资源数量最多。

（2）北京红色旅游游线设计

在第一批"全国红色旅游精品线"中，涉及北京地区的有两条。在此基础上，结合这两条精品线路的内容，北京应打造9条红色旅游主题线路。

"孙中山先生在北京"旅游线：以孙中山在京的活动与行踪为主题，并连接北京的宋庆龄故居。线路内容：湖广会馆→中山会馆→正阳门火车站旧址→孙中山行馆→中山公园→碧云寺→宋庆龄故居。

"踏着李大钊的足迹"旅游线：以李大钊生平为主题，以李大钊在北京的活动为重点，连接李大钊故里一带的旅游资源。线路内容：北京新文化运动纪念馆（北大红楼）→亢慕义斋图书馆旧址→三一八惨案发生地→中共北方区委党校旧址→北京李大钊故居→陶然亭慈悲庵→《每周评论》编辑部旧址→京师看守所（李大钊就义处）→李大钊烈士陵园（万安公墓）→河北省乐亭县李大钊纪念馆→乐亭县大黑坨村（李大钊故居）→昌黎县五峰山。

"新文化运动名人行踪"旅游线：以新文化运动和五四运动中的名人故居为主线。线路内容：北京新文化运动纪念馆→《新青年》编辑部旧址（陈独秀旧居）→欧美同学会会址→蔡元培故居→李大钊故居→板仓杨寓→毛泽东故居→北京鲁迅博物院→绍兴会馆（鲁迅著《狂人日记》旧址）→鲁迅西直门内公用库故居（鲁迅著《阿Q正传》）→《每周评论》编辑部旧址→岳云别墅。

"重温'七七事变'"旅游线：以卢沟桥事变为主题和重点，内容包括卢沟桥战役、南苑战役、南口战役和髽髻山战役。线路内容：卢沟桥（包括中国人民抗日战争纪念馆、卢沟桥、宛平城、雕塑园、赵登禹墓、岱王庙等战场遗址）→南苑兵营司令部旧址→赵登禹殉难处→佟麟阁殉难处→佟麟阁将军墓及抗战名将纪念馆→南口古城、马鞍山等处战场遗址→门头沟髽髻山一带的芹峪口、庄户等处战场遗址。

"寻访北京的文化名人故居"旅游线：以北京文化名人的故居为主线，从中探寻他们的民族意识和爱国精神。线路内容：茅盾故居→田汉故居→老舍纪念馆→郭沫若故居→梅兰芳故居→齐白石故居→徐悲鸿纪念馆→北京鲁迅博物馆→绍兴会馆（鲁迅著《狂人日记》地）→鲁迅西直门内公用库故居（鲁迅著《阿Q正传》地）→邵飘萍故居→林白水故居。

"京西红色陵墓巡礼"旅游线：以京西小西山一带的红色陵墓为重点，从中感受革命伟人与英烈的崇高理想和情操。线路内容：八宝山革命公墓→佟麟阁将军墓→李大钊烈士陵园与万安公墓→碧云寺孙中山纪念堂与衣冠冢→温泉显龙山辛亥革命先烈纪念园→北安河革命烈士堂→圆明园三一八烈士公墓→北京大学内的英烈纪念碑→清华大学内的英烈纪念碑→六郎庄烈士纪念碑。

"走向胜利"旅游线：以建立新中国为主题，以解放战争期间中共中央在河北与北平的迁移为主线，以七届二中全会报告为重点，着重反映当时中国共产党人为开国所做的思想准备。线路内容：香山双清别墅→天安门广场→保定市阜平县城南庄晋察冀军区司令部旧址→石家庄市平山县西柏坡纪念馆和中共中央旧址。

"长城抗战寻踪"旅游线：以古北口战役为重点，以长城抗战为主题，以旅游线串联起当年北平与河北境内长城沿线的主要战场。线路内容：北京密云→潘家口→迁西→喜峰口→山海关。

"京郊革命战场巡礼"旅游线：以京郊敌后抗战和解放战争期间的事件为主要内容，用线路串联京郊各类红色资源。线路主要内容：妙峰山→斋堂→清水红色旅游区→龙庆峡红色景区→平北红色第一村→中国航空博物馆→怀柔第一党支部纪念馆→云蒙三峪红色景区→白乙化烈士陵园→古北口红色旅游区→鱼子山惨案遗址与抗日纪念馆→桃棚红色旅游村→焦庄户地道战遗址纪念馆→平津战役前线司令部旧址→中国民兵武器装备陈列馆→十渡红色景区→《没有共产党就没有新中国》纪念馆。

除以上红色文化经典线路之外，针对新时期建设发展、新中国北京发展历程及现代化核心城镇点二元发展等角度，北京市还可以策划以下旅游线路：

博物馆典藏文化之旅：北京民俗博物馆→中国农业博物馆→北京中华民族博物院→中国现代文学馆。游览北京民俗博物馆，了解北京源远流长的传统民俗文化；参观

中国农业博物馆，学习中国丰富的农业资源与历史；走进北京中华民族博物院，体验中国56个民族不同的人文风情；参观中国现代文学馆，感受中国现代文学宝库的魅力。

新时代红色文化之旅：中国国家博物馆→人民大会堂→人民英雄纪念碑→国家大剧院。中国国家博物馆是历史与艺术并重，集收藏、展览、研究、考古、公共教育、文化交流于一体的综合性博物馆；人民大会堂是党中央、国务院和各人民团体政治活动的重要场所；人民英雄纪念碑是新中国成立后首个国家级公共艺术工程，也是中国历史上最大的纪念碑；中国国家大剧院是新"北京十六景"之一的地标性建筑，是国庆十周年十大建筑之一。

新时代重大工程之旅：鸟巢→水立方→首钢工业遗址公园→大兴国际机场→大运河森林公园。鸟巢水立方是中国2008年夏季奥运会的重要场馆；首钢工业遗址公园保存了原始的制钢设备，同时兼具时尚元素；大兴国际机场2019年正式投运，是世界上最大的单体航站楼工程，也是世界最大的空港，成为新世界七大奇迹之首；大运河森林公园位于通州北运河两侧，占地面积10 700亩，公园沿水系长达8公里，分别建有潞河桃柳、月岛闻莺、明镜移舟等六大景区和长虹花雨、半山人家、皇木古渡等十八景点，是新时代运河保护与利用的典范。

3. 天津红色旅游资源赏析与游线设计

（1）天津红色旅游资源赏析

资源分布：天津的红色旅游资源分布比较分散。数十个景区分布在全市各个区县近万平方公里范围内，不易集约规划、开发和设计旅游线路。有的景区坐落于郊县、市区边远地带，从旅游线路和时间安排上不易与其他景区建立合理的旅游网络，如平津战役纪念馆位于红桥区中环线外，天津烈士陵园位于北辰区外环线附近。有的景区则处于闹市或居民楼之中，交通拥挤，不便于车辆出入和停放，如中共中央北方局旧址纪念馆、中共天津历史纪念馆等。

资源规模：除了平津战役纪念馆、周恩来邓颖超纪念馆、天津烈士陵园、盘山烈士陵园等外，其他景区规模普遍较小，相当一部分只是几间房屋的规模。

资源利用情况：一些现代的理念、技术和手段还比较缺乏。有些景区的宣讲说教性太浓，展陈形式陈旧、缺乏科技含量和新颖手段，多是图片＋文字＋文物的呆板单调式展示。有的景区虽然增加了多媒体、电影、场景复原、雕塑、绘画等形式，但整个展陈理念上仍属填鸭式的灌输模式，缺少游客的参与、互动。加之基本展览常年不变，总以一个面孔示人，因此就造成了很多"一次性游客"，即参观一次后就没兴趣再来了。

（2）天津红色旅游游线设计

天津红色旅游资源丰富，主线明确，区位优势明显，潜在的旅游消费群体庞大。

但不足的是布局分散、规模小、特色不彰显、吸引力弱、开发宣传不够、红色景区游客少。因此天津应搞好规划,加大红色旅游资源整合开发力度。既要做好本市的资源整合,又要做好与周边红色旅游地区区域间的资源整合。与全国性红色旅游精品线路充分接轨,建设好"北京→蓟州→遵化→乐亭→宁河→天津市区"红色走廊。加强区域合作,与天津周边红色资源丰富的地区,比如北京、河北保定等地建立合作关系,联袂培育跨区域的红色旅游精品线路。本市资源的整合,应坚持明确主线、接点连线、以点带面、点面结合、整体发展的原则,培育好市区和蓟州区两个中心,在市区打造好和平板块、南开板块、红桥→河北→西青板块。完善景区基础设施,做好交通线路规划和道路建设。将红色旅游与休闲娱乐游、海河文化游、民俗风情游、购物游等其他旅游方式密切结合起来,形成多种旅游方式互为补充、相得益彰、共同发展的格局。

加强红色旅游网络建设,完善"红色曙光""伟人风范""抗日烽火""走向胜利"4条精品线路。

"红色曙光"之旅线路为:中共天津历史纪念馆→中共中央北方局旧址纪念馆→中共中央在津秘密印刷厂旧址→中山公园→平津战役纪念馆。中共天津历史纪念馆是中共在天津的第一个领导机关——中共天津地方执行委员会的诞生地;中共中央北方局旧址纪念馆是刘少奇同志受中共委派主持北方局工作的办公驻地;中共中央在津秘密印刷厂旧址是新民主主义革命时期中共在天津的唯一单位所在地;中山公园内存有第一次国共合作时牺牲的15位英烈纪念碑及孙中山先生铜像;平津战役纪念馆是中共中央全面展现平津战役伟大胜利的专题纪念馆,是全国开展爱国主义教育的重要基地、国防教育的重要载体、革命传统教育的生动课堂、精神文明建设的重要平台和弘扬先进文化的前沿阵地。

"伟人风范"之旅线路为:周恩来邓颖超纪念馆→南开大学→广东会馆→觉悟社纪念馆。周恩来邓颖超纪念馆为全国爱国主义教育示范基地、全国廉政教育基地和国家一级博物馆,坐落在风光旖旎、景色宜人的水上公园风景区,纪念馆主展厅包括瞻仰厅、生平厅、情怀厅、专机厅,此外还有按1∶1比例仿建的西花厅,纪念馆的展览主题突出,天津地域特色鲜明,生动再现了周恩来、邓颖超两位伟人光辉灿烂的一生以及为祖国、为人民鞠躬尽瘁的优秀品质和崇高精神。南开大学是"允公允能、日新月异"的百年名校,更是周总理的母校。在南开大学60周年校庆之际,周总理那句"我是爱南开的"由杨石先校长亲笔书写在湖心岛石碑上,让这个原本就极富诗情画意的地方,由此又增添了一笔壮丽色彩。广东会馆是至今保存最完整、规模最大、装修最精致的清代会馆建筑,在这座北方少见的戏楼上,1911年就演出过革命新剧。1919年五四运动时期,这里经常举行群众集会或演出,特别是直隶第一女子师范学校的学生邓颖超等觉悟社成员在此地举行了募捐义演，1925年8月，由革命先辈安幸生主持，天津市总工会在广东会馆成立，如今，这里作为天津戏剧博物馆全年开放。觉悟社纪念馆是1919年五四运动爆发后，天津各界为学习和传播马列主义，在周恩来的倡议下，成立了革命团体觉悟社，出版《觉悟》杂志，杂志办刊期间，周恩来撰写了《警厅拘留记》和《检厅日录》等记录，此后周恩来赴法国勤工俭学，踏上新的革命征途。

"抗日烽火"之旅线路为：盘山烈士陵园及抗日遗址→抗日战争胜利60周年纪念碑→九山顶抗战边区食堂→黄崖关长城碑林。此线路全面展现了天津境内抗日期间发生的激烈战斗及所涌现出的一批抗日英雄事迹。其中盘山烈士陵园为全国红色旅游经典景区和全国爱国主义教育示范基地，位于国家5A级旅游景区盘山脚下。黄崖关长城碑林位于国家4A级旅游景区黄崖关长城脚下，盘山地处京津唐三角地带，自古便是兵家必争之地，盘山抗日根据地建立以后，这里很快就成了河北东西部抗战的中心，烈士陵园建在盘山南麓，主要建筑有烈士纪念碑、烈士墓区、革命烈士纪念馆、盘山抗日斗争事迹陈列馆、烈士骨灰堂等。抗日战争胜利60周年纪念碑是在当年冀东抗日主战场之一的蓟州区罗庄子镇金水泉山上，建立抗日战争胜利纪念碑、抗日战争无名烈士墓、抗日战争警世门，以纪念碑为重点的三个标志性建筑的根本宗旨是：促进和平、警示战争、缅怀先烈、教育后人、牢记使命、复兴中华。九山顶抗战边区食堂是天津唯一一个以八路军抗日电台呼号"常州"命名的行政村。抗日边区食堂设在海拔800米的深山腹地的半山腰上，常年对外开放，每年5月1日至10月10日前来参观的人，还可以享受免费品尝山野八宝粥的礼遇，可穿上八路军军装参加推碾子、轧公粮比赛，推车牵羊送公粮比赛，听九山顶根据地的抗日故事，举行革命歌曲联唱等有益活动，是京津地区红色教育的一大亮点。黄崖关长城碑林是有着独特优势的爱国主义教育基地和红色旅游基地，其中百将墨迹碑林收入1955年中国人民解放军第一批授衔107位开国将帅的题词。毛泽东诗词墨迹碑林共收入毛泽东创作的28首诗词手稿，在园中巨石上刻有毛泽东的豪言壮语：不到长城非好汉，蓟北雄关，登黄崖关长城，一览中国大好山河。

"走向胜利"之旅线路为：中共中央北方局旧址纪念馆→中共天津历史纪念馆→平津战役纪念馆→金汤桥会师公园。其中金汤桥会师公园始建于1906年。在平津战役中，解放军在金汤桥上会师，故其成为象征天津解放的标志性建筑，为纪念这一历史性时刻，在金汤桥经过整修并恢复开启功能后，又在该桥东西两岸兴建了主题性公园，取名会师公园。

除上述红色旅游经典线路外，天津市为了展示独特的城市风貌和文化旅游资源，推出除红色经典四条游线外涵盖文化博览游、名人故居游、亲水休闲游、山野名胜游、津夜荟萃游、津城工业游、网红打卡游、冬趣风情游、京津冀主题游等九大主题37条"天津旅游精品线路"。

其中,文化博览游包含5条线路:

文博场馆一日游:天津博物馆→天津自然博物馆→天津美术馆→天津科技馆→北疆博物院。

津门故里一日游:天子津渡遗址公园→三岔河口引滦入津纪念公园→古文化街→玉皇阁→宫南宫北大街(通庆里)→民俗博物馆(天后宫)→老城博物馆→鼓楼博物馆→戏剧博物馆(广东会馆)→元明清天妃宫遗址博物馆。

万国建筑博览一日游:民园西里(民园西里文化创意街区)→睦南公园→民园广场→民园大楼(王光英复原展厅)→五大道名人印象馆→体育博物馆→庆王府→利顺德大饭店→邮政博物馆→金融博物馆→解放北路金融街→原法国公议局大楼→金街步行街→劝业场→津湾广场→解放桥(逢重大节日开启)。

古风津韵两日游:(首日)泥人张美术馆→民俗博物馆(天后宫)→华夏鞋文化博物馆→联升斋刺绣艺术博物馆→文庙博物馆→老城博物馆→戏剧博物馆(广东会馆)→鼓楼博物馆→"廉润初心"文化传播推广中心→和平区非物质文化遗产展览馆→拜石博物馆→沉香艺术博物馆→天津近代历史文化博物馆→杨柳青木版年画博物馆,(次日)杨柳青博物馆(石家大院)→杨柳青民俗文化馆→杨柳青年画馆→精武门·中华武林园→霍元甲纪念馆→霍元甲武术学校(武术表演)。

近代中国历史两日游:(首日)大沽口炮台遗址博物馆→大沽船坞→小站练兵园,(次日)天津义和团纪念馆→望海楼教堂(外观)→狮子林桥→天津梁启超纪念馆→张园→津城静园→滨江道步行街→中心公园→吉鸿昌故居(外观)→张学良故居→天津利顺德大饭店(利顺德博物馆)。

名人故居游包含2条线路:

五大道名人故居一日游:五大道游客咨询中心→五大道历史博物馆→和平区非物质文化遗产展览馆→顾维钧旧居(外观)→庆王府→先农大院(午餐)→王光英复原展厅→乘马车游名人故居→五大道进口商品市集和跨境电商市集→五大道灯光秀、夜市。

意大利风情旅游区名人故居一日游:觉悟社纪念馆→李叔同故居纪念馆→天津梁启超纪念馆→曹禺故居纪念馆→天津记忆(百年天津工业文化展览馆)→尔宝瑞蜡像馆→夜游意大利风情旅游区。

亲水休闲游包含8条线路:

滨海科教一日游:泰达航母主题公园→国家海洋博物馆→大沽口炮台遗址博物馆。

滨海休闲一日游1：潮音寺→亿利精灵乐园→海昌极地海洋公园→天津港口工业游（乘船游览，每年3月到11月）→东疆湾沙滩。

滨海休闲一日游2：滨海文化中心（滨海图书馆、滨海科技馆、滨海美术馆）→于家堡环球购→龙达温泉生态城。

运河印象一日游：第六埠重走长征路红色教育基地→杨柳青古镇→南湖·绿博园景区→佛罗伦萨小镇→创意米兰。

生态休闲一日游：板桥盆罐文化旅游村→东丽湖自然艺苑→天津欢乐谷→恒大温泉→东信花卉。

特色体验一日游：义聚永酒文化博物馆→滨海茶淀葡萄科技园→大马杓生态度假村（开放时间：12月中旬至次年5月中旬）→芦台春文化创意园→中心渔港码头→滨海鲤鱼门→浪花艺术馆。

津门水韵一日游：西青郊野公园→桃花堤公园→"天津之眼"摩天轮→海河游船→长虹公园→天塔湖风景区→水上公园→南翠屏公园。

滨海休闲两日游：（首日）北塘出海当渔民→北塘古镇→国家动漫产业园→遗鸥公园，（次日）方特欢乐世界。

山野名胜游包含6条线路：

西青寻乡一日游：天津热带植物观光园→杨柳青古镇→沙窝萝卜基地（冬、春季开放）→九百禾葡萄采摘园（夏、秋季）。

宝坻畅玩一日游：潮白河湿地公园→千年古渡小辛码头→晶宝温泉农庄→袁黄（了凡）纪念馆→葫芦庐小镇→小靳庄旅游村→宝坻五七干校。

北辰乡野一日游：小五堡田园综合体→万源龙顺度假庄园→北辰郊野公园→曙光水镇。

蓟州名胜二日游线路1：（首日）盘山风景名胜区→独乐寺景区→渔阳古街→小穿芳峪村，（次日）九山顶自然风景区→黄崖关长城风景游览区。

蓟州名胜二日游线路2：（首日）蓟州溶洞景区→黄崖关长城风景游览区→郭家沟村，（次日）梨木台风景区→独乐寺景区→渔阳古街→毛家峪。

蓟州全景三日游：（首日）独乐寺景区→渔阳古街→盘山风景名胜区→西井峪文化艺术村，（次日）车神架→九山顶自然风景区（常州村），（三日）黄崖关长城风景游览区→蓟州溶洞景区。

津夜荟萃游包含3条线路：

夜游海河线路：海河游船赏夜景（每年3到11月）→听相声→运河新天地夜市（听相声推荐地点：名流茶馆、谦祥益文苑、西岸相声会馆、中华曲苑）。

夜赏津曲线路："天津之眼"摩天轮→赏曲艺→意大利风情旅游区（或五大道夜市或天津音乐街）（赏曲艺推荐地点：天津文化中心大剧院、天津滨湖剧院、广东会馆、海河剧院、津湾大剧院、红旗剧院、中国大戏院）。

夜品津味线路：天津文化中心博物馆→看演出→奥城夜市（或爱琴海"老门口儿"夜市）（看演出推荐地点：天津大剧院、天津音乐厅、天津大礼堂、津湾大剧院、天津滨湖剧院、红旗剧院、光华剧院）。

津城工业游包含3条线路：

民族工业一日游：三条石历史博物馆→华夏鞋文化博物馆→酒博印象博物馆→棉三创意街区→桂发祥十八街麻花文化馆→凌奥创意产业园→101汽车文化广场。

现代工业一日游：空客A320组装线→海鸥手表博物馆→利民调料工业旅游项目→应大皮衣博物馆→纺织博物馆→可口可乐世界→康师傅梦想探索乐园→欧贸中心→燕莎奥特莱斯→华明机床博物馆。

健康工业一日游：天士力大健康城→伊利酸奶健康产业园→伊利乳业→娃哈哈天津工业园→蒙牛营养健康产业园。

网红打卡游包含3条线路：

市内打卡一日游：人民公园→南开大悦城（5号车库、骑鹅公社）→"天津之眼"摩天轮→津门津塔→原浙江兴业银行大楼（星巴克臻选旗舰店）→瓷房子→海河广场→爱琴海"老门口儿"夜市。

滨海打卡一日游：滨海图书馆→周大福金融中心→东疆湾沙滩景区→国家海洋博物馆。

郊野打卡二日游：（首日）社会山文旅港→萨马兰奇纪念馆→团泊启彩奥特莱斯→西青王稳庄稻香公园，（次日）宝成博物苑→小站练兵园→小站稻作展览馆→小站稻田观赏点位（"稻香源"千亩稻田景观区）→迎新合作社。

冬趣风情游包含4条线路：

温泉花乡一日游：天津热带植物观光园→曹庄花卉市场→社会山嘉佑温泉。

温泉康体一日游：仁爱团泊湖·国际休闲博览园→光合谷旅游度假区。

蓟州滑雪一日游1：盘山滑雪场→帝景温泉度假村。

蓟州滑雪一日游2：蓟州国际滑雪场或玉龙滑雪场→蓟州溶洞风景区。

京津冀主题游包含3条线路：

高铁经典三日游：（首日）西柏坡→（乘高铁赴北京全程3.5小时）→夜游什刹海→后海→夜宿北京市区酒店，（次日）早观升旗→天安门广场→故宫博物院→（乘坐高铁赴天津全程约0.5小时）→古文化街→"天津之眼"摩天轮→乘坐海河游船（每年3

月至11月）或游览意大利风情区→听相声赏戏曲看演出→夜宿天津市区酒店，（三日）周恩来邓颖超纪念馆→天塔湖风景区→（天津乘坐高铁赴白洋淀全程约2小时）→白洋淀、雄安新区。

山野名胜三日游：（首日）黄崖关长城风景游览区→盘山风景名胜区（晚上观看《天下盘山》大型实景演出，每年4月至10月）→夜宿西井峪文化艺术村，（次日）独乐寺→金海湖景区→颐和园→北京西山国家公园→八大处公园→夜宿十渡风景区周边酒店，（三日）十渡拒马河风景区→野三坡风景区→百里峡风景区。

亲子休闲三日游：（首日）北海公园→中国人民革命军事博物馆→京东大峡谷→夜宿雾灵山周边酒店，（次日）雾灵山国家级自然保护区→李大钊纪念馆→夜宿天津滨海新区酒店，（三日）国家海洋博物馆→泰达航母主题公园

4. 河北红色旅游资源赏析与游线设计

（1）河北红色旅游资源赏析

河北省红色旅游资源具有以下特点：

类型齐全，数量众多。根据新时期红色旅游资源的定义，通过对河北省红色旅游资源的全面收集和普查，全省共有250余处主要红色旅游资源，遍布河北省11个市，分布于各个历史时期。其中，入选全国红色旅游经典景区的有22个（国家5A级旅游景区2个，4A级景区10个），国家级爱国主义教育示范基地18处，省级爱国主义教育基地47处，全国重点文物保护单位15处，省重点文物保护单位21处。全省红色旅游资源呈现出类型齐全、数量众多的特点，为河北省红色旅游的发展打下了坚实的基础。

知名度高，影响力大。自1840年以来，在燕赵大地上涌现出一批在国内外具有影响力的爱国主义和革命传统精神的重大事件和代表人物。19世纪末，唐山诞生了中国近代工业；抗日战争时期，燕赵大地是对日作战的重要战场；解放战争时期，在平山西柏坡党中央指挥了震惊中外的"三大战役"，召开了"七届二中全会"，提出了"两个务必"的著名论断。社会主义建设时期，北戴河是党和国家领导人决策重大国事的重要地点；改革开放时期，曹妃甸工业区成为国家首批循环经济试点，带动了环渤海地区乃至全国经济的新发展。鸦片战争以来，在燕赵大地曾涌现出许多名垂青史的英雄人物和事迹，以其为原型，产生了一大批经典文艺、影视作品，《地道战》《小兵张嘎》《红旗谱》《狼牙山五壮士》《董存瑞》等在国内外拥有极高的知名度和影响力，具有垄断性和不可替代性。

河北红色旅游资源分布如下：

从空间上来看，河北省红色旅游资源呈现出"沿太行山、燕山，环渤海，聚冀中"

的空间分布格局，根据新时期对产业聚集的要求，其红色旅游资源可概括为"一地、两带、十区"；从地区上来看，河北省红色旅游资源分布于 11 个市，其中，保定、石家庄占比重最高。

河北红色旅游资源类型可划分为以下几类：

河北省红色旅游资源类型齐全、品种多样，大体上可分为有形资源和无形资源两大类型。有形资源按照时间划分，分布为 1840 年至改革开放以后的七个历史时期。主要有革命遗址遗迹、革命纪念场所、革命烈士陵园、名人故居、文化展馆、科技展馆、体育军事基地、工农业文化以及新农村建设等承载着革命精神与时代精神的，体现爱国主义的各种事物；无形红色资源则是指各个历史时期留下的具有教育和激励作用的红色精神、红色文学、红色故事，还包括当代反映革命精神的红色影视。

（2）河北红色旅游游线设计

河北省推出了 3 条红色旅游精品线路：

线路 1："重温长城抗战，感悟民族精神"，线路为秦皇岛市山海关景区→唐山市丰润区潘家峪惨案纪念馆→唐山市迁西县喜峰口长城抗战遗址→承德市宽城县王厂沟冀东抗战遗址→承德市滦平县金山岭长城→张家口市察哈尔省民主政府旧址（宣化博物馆）→张家口市大境门。中国近代革命史上，长城抗战是"九一八"事变后中国军队在华北进行的第一次较大规模的抗击日本侵略者的战役，是中国抗日军民在长城沿线抗击日本侵略者的斗争，是中国人民早期抗战的重要组成部分。通过长城抗战，表现出广大爱国官兵抗击侵略、保家卫国的战斗意志，体现出中华儿女不怕牺牲、敢于奉献的民族精神。

线路 2："烽火太行，激情岁月"，线路为邯郸市涉县八路军 129 师司令部旧址→邯郸市涉县晋冀鲁豫边区政府旧址→邯郸市武安晋冀鲁豫中央局旧址→邯郸市晋冀鲁豫烈士陵园→邢台市信都区中国人民抗日军事政治大学陈列馆→石家庄市华北军区烈士陵园。"太行浩气传千古，留得清漳吐血花。"在抗日战争时期，抗战军民在河北这片古老而厚重的热土上，同穷凶极恶的日本侵略者展开了英勇顽强、坚韧不屈的斗争，铸就了光耀千秋的"太行精神"，为夺取抗战胜利做出了卓越的贡献，谱写了中国人民抗日战争和世界反法西斯战争史上光辉灿烂的篇章。

线路 3："模范边区，抗战传奇"，线路为保定市阜平县城南庄晋察冀军区司令部旧址（晋察冀边区革命纪念馆）→保定市唐县白求恩柯棣华纪念馆→保定市易县狼牙山风景区→保定市涞水县野三坡平西抗日根据地→张家口市察哈尔省民主政府旧址（宣化博物馆）→张家口市晋察冀军区司令部旧址→张家口市察哈尔民众抗日同盟军烈士纪念塔。抗日战争时期，中国共产党领导创建了第一个抗日根据地→晋察冀抗日根据

地，被誉为"敌后模范的抗日根据地及统一战线的模范区"，为中国人民抗日战争和世界反法西斯战争的胜利做出了卓越的贡献，为全国解放战争的胜利打下了坚实的基础。

与此同时，针对河北省域内11座城市的自身红色旅游资源禀赋的不同，各城市均推出具备时代表征与精神文明内涵的同城或跨城红色旅游精品线路：石家庄推出了以"圣地西柏坡·赶考出发地"为主题的红色旅游精品线（曹火星纪念馆→西柏坡景区→中共中央宣传部旧址→中共中央组织部旧址→中共中央统战部旧址→戎冠秀故居→沕沕水红色水电站）；唐山及秦皇岛合力推出了"双城大钊英雄谱线路"：唐山市区（开滦矿山博物馆、地震遗址纪念馆、丰南运河唐人街景区）→乐亭县（大钊纪念馆及故居）→昌黎县（五峰山景区）→抚宁区（南戴河国际娱乐中心）→北戴河区（集发农业观光园）→山海关区（天下第一关及老龙头景区）；邯郸市推出了"小平同志足迹线路"（邯郸市129师司令部旧址→将军岭→129师旧址陈列馆→晋冀鲁豫烈士陵园→冶陶晋冀鲁豫中央局旧址）等。

除上述红色旅游精品线路外，河北省围绕自身区位优势，设计5条反映历史变迁、时代发展、区域并进、协同发展的新时代旅游跨域游线。

皇家文化探访之旅：从北京开始，途经天津、唐山、承德等城市，以天安门、故宫、天坛、五大道、海河、清东陵、避暑山庄及周围寺庙等具有浓郁皇家文化特色的景区为主。

锦绣长城文化之旅：从秦皇岛开始，途经唐山、天津、承德等城市，沿线以山海关长城、老龙头、白羊峪长城、青山关长城、意式风情街、金山岭长城、避暑山庄及周围寺庙等长城特色景区为主。

雄安新区观光之旅：从北京开始，途经雄安新区、天津、廊坊等地，以故宫、天坛、白洋淀、天津之眼、香河天下第一城等雄安新区周边的景区为主。

冬奥冰雪体验之旅：从北京开始，抵达张家口，以鸟巢、水立方、宣化古城、崇礼滑雪、赤城温泉等具有冬奥冰雪文化特色的景区为主。

滨海民俗文化之旅：从秦皇岛开始，以山海关古城、天下第一关、长城博物馆、角山、长寿山、求仙入海处等具有秦皇岛特色的景区为主。

5. 山西红色旅游资源赏析与游线设计

（1）山西红色旅游资源赏析

山西红色旅游资源十分丰富。山西有很多重要军事要塞，各部分地区都保存着不同历史时期的遗址遗迹，尤其是抗日战争时期遗留下来的红色旅游资源尤其丰富。在全省11市中，现存的1460余处革命历史遗迹和革命纪念地，有500余处被公布为各级文物保护单位，其中有5处是国家重点文物保护对象，39处可供全国各地的游客们前来参观，其中有15处开发为爱国主义教育示范基地。

山西与周边红色旅游资源优势互补。山西是煤炭大省，多年来，山西依赖"黑色"资源发展壮大，它们可以和红色旅游资源优势互补，共同发展。山西地处黄河流域，深受黄河文化影响，与其他的历史文物古迹、绿色生态旅游资源等人文和自然资源交错分布，为山西独特的红色旅游资源发展提供了更加良好的条件，有利于将所有的自然资源和人文资源相互融合。

（2）山西红色旅游游线设计

在全国30条红色旅游精品线路中，涉及山西的有2条：

线路1：石家庄→西柏坡→涉县→长治→晋城，主要红色旅游景点有：石家庄市华北军区烈士陵园、平山县西柏坡中共中央旧址等革命历史遗址、邯郸市涉县129师司令部旧址、长治市武乡县八路军太行纪念馆、王家峪八路军总部旧址、"百团大战"砖壁指挥部旧址、黎城县黄崖洞革命纪念地。

线路2：太原→大同→灵丘→涞源→易县→涿州，主要红色旅游景点有：太原市太原解放纪念馆、山西省国民师范旧址革命活动纪念馆、大同市煤矿展览馆、灵丘县平型关战役遗址、忻州市五台县晋察冀军区司令部旧址纪念馆、徐向前故居和纪念馆、保定市易县狼牙山、黄土岭战斗遗址。

与此同时，山西省内11座城市基于其各自的红色旅游资源分布及其禀赋的不同，各城市也相应推出具备山西红色历史特点及新时代表征的多样化红色文化旅游精品线路（见表1）。

表1　山西红色文化旅游精品线路

专栏1　太原红色旅游精品游线
（1）乡村旅游精品旅游线路：青龙古镇→青草坡乡村庄园→嘉豪山庄→卧龙湾生态园。
（2）休闲康养精品旅游线路：中华傅山园→窦大夫祠→多福寺→土堂大佛→汾河二库→崛山围山。
（3）生态文化精品旅游线路：汾河公园→南寨公园→汾河湿地公园→森林公园→龙潭公园→迎泽公园→长风商务文化区。
（4）红色旅游精品旅游线路：台骀山景区为中心→国民师范旧址→太原解放纪念馆→彭真纪念馆
专栏2　大同红色旅游精品游线
（1）工农业旅游示范旅游线路：大同"井下探秘游"→册田水库→御河生态园→晋华宫煤矿→丽源绿色生态农业观光园→大泉山→桑干河国家湿地公园。
（2）大同民俗风情旅游线路：中国雕塑博物馆→纪家庄文化室旧址→赵石庄剧场→大同展览馆→大同四牌楼→新平堡镇。
（3）红色精神文明旅游线路：平型关战役遗址→平型关烈士陵园→白求恩特种外科医院遗址园→玉福山烈士陵园→大同革命烈士陵园→大同煤矿"万人坑"纪念馆。

续表

专栏3 朔州红色旅游精品游线
太原—朔州红色教育游线：（首日）塞北革命烈士纪念馆→平鲁平朔露天煤矿→李林烈士陵园，（次日）右玉县小南山森林公园→右玉精神展览馆→苍头河→右卫古城→杀虎口长城。

专栏4 忻州红色旅游精品游线
（1）抗战圣地五台山游线：西河头地道战遗址→徐帅故居→南茹村八路军总部→白求恩模范病室→晋察冀军区司令部旧址。 （2）忻州十县红色长廊游线：岢岚毛主席路居馆→太原卫星发射中心→五寨烈士陵园→神池毛主席路居馆→代县雁门关→代县毛主席路居馆→繁峙毛主席路居馆→徐向前元帅故居→八路军总部旧址→白求恩纪念馆→五台县抗敌报社旧址→晋察冀边区政府旧址→银行金库旧址→晋察冀边区银行旧址→晋察冀军区司令部旧址纪念馆→五台山毛主席路居馆。 （3）红色文化与历史宗教游线1：西河头地道战遗址→薄一波故居→徐帅故居→南茹村八路军总部→白求恩模范病室→晋察冀军区司令部旧址→塔院寺。 （4）红色文化与历史宗教游线2：西河头地道战遗址→阎锡山故居→徐帅故居→尊胜寺→佛光寺→清凉寺→金阁寺。 （5）红蒙山色复合游线：坝沟湾（管涔林区特色村落）→沤泥湾（现代兵工厂遗址）→王化沟（管涔山三大悬空村的代表）→宁化村（结构完整的宋代古城）。 （6）红色温泉康养游线：顿村→原平天涯石鼓山→洪福寺→阎锡山旧居→西河头地道。 （7）雁门关红色风情游线：雁门关古道→杨忠武祠、文庙、武庙→雁门关伏击战战场原址→阳明堡飞机场遗址。 （8）红色母亲河游线：老牛湾→万家寨→弥佛寺→娘娘潭→西口古渡。

专栏5 阳泉红色旅游精品游线
（1）峥嵘岁月怀古游线：八路军129师马山军事会议旧址→百团大战纪念碑→阳泉革命烈士纪念馆→娘子关。 （2）红山红水风情游线：翠枫山景区→桃林沟→固关长城→华北奕丰生态园→评梅景区→大汖温泉度假景区。

专栏6 吕梁红色旅游精品游线
（1）抗战太行主题游线：武乡八路军文化园→王家峪八路军总部旧址→砖壁百团大战指挥部旧址→临县中共西北局旧址→游击战体验园→黎城冀南银行旧址→左权麻田八路军总部旧址。 （2）英雄吕梁主题游线：永和红军东征纪念馆→柳林刘志丹殉难地→临县高家塔毛主席登岸地→双塔村后委旧址→兴县黑茶山"四八"烈士纪念地→蔡家崖晋绥边区旧址→石楼红军东征纪念馆。

专栏7 晋中红色旅游精品游线
（1）时代风云主题游线：麻田八路军前方总部旧址→晋冀鲁豫边区临时参议会旧址→左权将军殉难处→石拐会议纪念园→昔阳县大寨展览馆→大寨人民公社旧址。 （2）红满晋中风情游线：平遥古城→绵山风景区→大寨景区→红崖大峡谷→平遥县衙博物馆→九龙国际文化生态旅游园。 （3）商宦浮沉主题游线：祁寯藻故居→灵石王家大院→常家庄园→中国钱庄博物馆→晋商文化博物馆。 （4）晋地民俗主题游线：乔家大院民俗博物馆→大寨村生态农业园→"平遥中国年"→平遥大戏堂→"又见平遥"演艺。

专栏8 长治红色旅游精品游线
（1）抗日风云主题游线：黎城黄崖洞革命纪念地旧址→黄崖洞兵工厂旧址→八路军太行纪念馆→八路军文化园→太岳烈士陵园→武乡八路军总司令部旧址→太岳军区司令部旧址→沁源抗日阵亡将士纪念碑→上党战役北关战斗遗址。 （2）上党生态风情游线：壶关大峡谷景区→太行水乡风景区→通天峡景区→太行龙洞→仙堂山→天脊山地质公园→子长精卫湖水利风景区。

续表

专栏 9　晋城红色旅游精品游线
（1）抗战峥嵘主题游线：中国抗日军政大学太岳分校旧址→晋城烈士陵园→晋冀鲁豫野战军十二纵队整军地旧址→太岳烈士陵园。 （2）三晋生态红色游线：皇城相府→柳氏民居→珏山风景区→羊头山炎帝文化旅游区→孙文龙纪念馆。
专栏 10　临汾红色旅游精品游线
（1）汾河红流主题游线：隰县晋西革命纪念馆→太岳军区司令部桑曲旧址→永和红军东征纪念馆→汾西县抗日游击队活动旧址→临汾战役纪念馆→彭真故居。 （2）汾风农乡主题游线：晋园景区→丹霞口文旅小镇→双龙湖国家湿地公园→太子滩农业观光园→古县牡丹文化旅游区。 （3）华夏千载主题游线：吉县壶口瀑布→临汾尧庙→蒲县柏山东岳庙→洪洞大槐树寻根祭祖园。
专栏 11　运城红色旅游精品游线
（1）解放晋察冀主题游线：陈家庄中共太岳三地委机关旧址→河东特委革命活动旧址→平陆朱总司令路居→运城烈士陵园。 （2）忠义故里主题游线：关王庙→民俗博物馆→运城博物馆→盐池碱池→关帝祖祠。

此外，山西省还结合爱国主义、革命传统和党风廉政教育基地特征品牌建造、开发 3 条红色旅游精品线路：一是麻田八路军前方总部原址→狮脑山百团大战遗址→太原国民师范原址革命活动纪念馆→五台晋察冀军区司令部原址纪念馆→大同煤矿遇害矿工"万人坑"展览馆→灵丘平型关战争遗址；二是太原国民师范原址革命活动纪念馆→武乡八路军太行纪念馆→王家峪八路军总部原址→百团大战砖壁指挥部原址→黎城黄崖洞→沁源太岳军区司令部原址；三是太原国民师范原址革命活动纪念馆→文水刘胡兰纪念馆→孝义兑九峪战役遗址→交口红军东征委员会原址→石楼红军东征纪念馆→隰县殊死纵队司令部原址→永和红军东征纪念馆。这些线路重点对沿太行山、吕梁山、五台山、太岳山、中条山和雁门关、娘子关、平型关等要点旅游线路进行了资源整合，依托晋察冀、晋冀鲁豫、晋绥、太行和太岳抗日根据地以及大寨、西沟、右玉、大泉山等红色文明符号，创造了一批红色文明名山、名关、名镇、名村和名街等。

除以上红色旅游经典线路外，太原市档案馆、张家垴抗战文化园、广灵剪纸艺术博物馆、山西地质博物馆、太行精神陈列馆、1898 太原兵工厂文化产业园等体现新时代城市建设成果和社会主义核心价值观，同时具有爱国主义教育性质，可将这些景区景点打造成新时代红色旅游主题线路。

6. 内蒙古红色旅游资源赏析与游线设计

（1）内蒙古红色旅游资源赏析

内蒙古的红色旅游资源主要分布在呼和浩特、包头、鄂尔多斯、乌兰察布、赤峰、巴彦淖尔、兴安、呼伦贝尔8个盟市33个旗县（市区）、200多个苏木（乡镇），其中大多数是革命老区，重点涉及抗日战争时期的晋绥、晋察冀和冀热辽抗日根据地现属内蒙古行政区部分。

呼和浩特市有着丰富的革命历史和革命文化传统。例如，毕业于土默特高等小学的李裕智、吉雅泰和其他在校生乌兰夫、多松年、奎璧、赵诚、吴子征、贾力更、荣耀先等蒙古族青年一直站在反帝、反封建斗争的最前列，他们先后加入了中国共产党，标志着蒙古族第一代共产党人的诞生。

鄂尔多斯75%的旗是革命老区，是当年陕甘宁边区的重要组成部分。1935年10月，中央红军长征到达陕北，出现了有利于内蒙古地区革命和抗日斗争的局面。中央先后派大批干部到伊克昭盟（今鄂尔多斯市）地区开展工作，在乌审旗建立了旗委和苏维埃政府，并于1936年在定边成立了蒙古工作委员会。之后又建立了中共鄂托克旗工作委员会。10月，在内蒙古工作委员会的基础上，成立了中国共产党少数民族工作委员会。鄂托克前旗不仅是新民主主义革命时期党领导鄂尔多斯地区民主革命的中枢和保卫陕甘宁边区的北部屏障，也是沟通党中央与大青山抗日游击根据地和共产国际的交通要道，更是党的新民主主义民族理论与政策的主要试验基地及培养少数民族高级人才和干部的摇篮。

乌兰察布市73%的旗、县、市为革命老区，是当年大青山抗日游击根据地的重要组成部分，是自然条件较差的贫困地区。贺龙革命活动旧址就位于乌兰察布凉城县岱海镇井沟子村教堂院内，距县城2.5公里。贺龙元帅的半身铜像威风凛凛端正地坐落在旧址主体建筑正前方。主体建筑是19世纪末欧洲传教士所建，散发着古韵气息，距今有一百多年的历史。"贺龙革命活动旧址"几个大字悬挂于门前正中央，是贺龙之女贺捷生于2008年6月题写。贺龙革命活动旧址建于1986年，2008年由2400平方米扩建到4800平方米，年接待游客8万人。目前，这里是内蒙古自治区重点文物保护单位、爱国教育基地、红色旅游景点之一。

兴安盟是内蒙古比较有影响的革命老区。1945年8月11日，科尔沁右翼前旗葛根庙（今乌兰浩特市东30公里）的伪满洲国陆军兴安军官学校爱国师生举行抗日武装起义。"八·一一"起义是中国人民抗日战争的组成部分，是内蒙古各族人民反抗日本帝国主义的殖民统治、民族压迫的具体体现，它为内蒙古民族解放斗争写下了光辉的一页。1947年5月1日，内蒙古自治政府在王爷庙（今兴安盟乌兰浩特市）宣布成立。

呼伦贝尔市是具有特色区位优势的革命老区。1932年10月，驻守在呼伦贝尔铁路沿线的苏炳文部，通电抗日，组织了一万余人的"东北民众救国军"，与日军激战。鄂伦春人民也组织了抗日山林队，抗击日寇。尤其是满洲里，特殊的地理区位使其成为中国共产党与国际共运交往的主要陆路通道，这条交通线被誉为"一座红色的国际桥梁"，目前，在满洲里市、扎赉诺尔矿区等地保留有大量相关的遗址遗迹。

以上列出的只是内蒙古区红色旅游资源分布的一部分，从中足以看出内蒙古的红色旅游资源的历史分量和地域特色。

（2）内蒙古红色旅游游线设计

内蒙古自治区文化和旅游厅对内蒙古各地红色旅游资源进行梳理，以呼和浩特市、乌兰浩特市、满洲里市等红色旅游城市为核心，串联周边其他生态、民俗等旅游资源，推出亮丽北疆红色旅游精品线路。

草原红色之子红色旅游线路：乌兰夫纪念馆→乌兰夫故居→乌兰夫革命活动旧址→大青山抗日根据地旧址。在乌兰夫纪念馆、乌兰夫故居、乌兰夫革命活动旧址等地，了解老一辈无产阶级革命家乌兰夫同志追求真理、投身革命至为国操劳、鞠躬尽瘁的生平事迹；也可以在大青山抗日根据地旧址，参观大青山抗日根据地展馆与大青山英雄纪念碑，追忆抗日战争时期大青山地区军民团结抗战直至胜利的峥嵘岁月；同时又可以在敕勒川草原文化旅游区以及希拉穆仁草原感受"敕勒川，阴山下"的草原魅力。

纪念内蒙古民族解放战争红色旅游线路：五一会议旧址→乌兰夫办公旧址→内蒙古党委办公旧址→内蒙古自治政府办公旧址。前往五一会议旧址，通过展厅内影片及实物史料，重温内蒙古自治政府的诞生历程；于乌兰夫办公旧址、内蒙古党委办公旧址、内蒙古自治政府办公旧址等地，感受自治区政府成立前后，乌兰夫和他的战友们运筹帷幄建设内蒙古的峥嵘岁月；来到柴河旅游区，观赏内蒙古的天池秀水，走进阿尔山森林公园，观火山地貌，登驼峰岭感受祖国的壮美北疆。

红色教育培训红色旅游线路：鄂托克前旗城川民族学院学院旧址→城川红色国际秘密交通站陈列馆→响沙湾→成吉思汗陵。参观鄂托克前旗城川民族学院旧址，这里曾是党的民族政策试验田与培养少数民族干部的摇篮，而新时期在旧址上建立的延安民族学院纪念馆和城川民族干部学院，以及三段地革命历史纪念馆、城川红色国际秘密交通站陈列馆等6个红色现场教学点，现已成为自治区红色基因传承高地；之后前往鄂尔多斯草原腹地，观鄂尔多斯婚礼品特色美食；于恩格贝，探险大漠了解沙漠植被恢复环保工程；在"沙漠里的迪士尼"——响沙湾，看沙漠美景，听千古沙鸣；最后到达成吉思汗陵，拜谒一代天骄成吉思汗。

纪念抗日战争红色旅游线路：集宁战役纪念馆→绥蒙革命纪念园→贺龙纪念馆→大青山抗日战争纪念馆。参观集宁战役纪念馆，了解解放战争时期集宁战役的完整过程和重大意义；在察尔湖畔欣赏田园山水、饱享察尔湖银鱼；到绥蒙革命纪念园，全面了解绥蒙革命史，瞻仰先辈事迹；在贺龙纪念馆中，参观革命文物，了解贺龙将军一生的丰功伟绩；于岱海，穿行在满是芦苇丛的栈道，赏花观海；驰骋于辉腾锡勒草原黄花沟，沉醉于风车草原野花黄的美丽图景；最后在卓资大青山抗日战争纪念馆，追忆抗日战争时期大青山地区军民团结抗战直至胜利的荣光岁月。

纪念"二战"反法西斯战争红色旅游线路：海拉尔世界反法西斯战争海拉尔纪念园→团结抗战胜利纪念碑→额尔古纳湿地→满洲里国门景区。走进海拉尔世界反法西斯战争海拉尔纪念园，感受"二战"期间的爱国主义、国际主义、革命英雄主义精神；参观以中东铁路为主题的爱国主义教育基地，感受红色文化；来到团结抗战胜利纪念碑，纪念九一八事变，了解王明贵、陈雷等人的英雄事迹；前往亚洲第一湿地额尔古纳湿地，体验如诗如画的自然美景；在满洲里国门景区，参观红色国际秘密交通线遗址，追忆20世纪中国共产党与共产国际的红色通道；打卡41号界碑、五代国门，感受当代边境线上的国防精神；前往诺门罕战役遗址，了解诺门罕战役始末。

航天载梦红色旅游线路：西夏黑城→居延海→酒泉卫星发射中心。在天鹅湖惊叹沙海湖泊的瑰丽，欣赏在此驻足的天鹅；于黑城遗址中探寻"丝绸之路"上现存最完整、规模最宏大的古城遗址西夏黑城；观赏"沙漠英雄树"胡杨林，感叹胡杨顽强的生命力和永不屈服的精神；于阿拉善沙漠世界观赏完整展示风力地质作用过程的地质遗迹，参加惊险刺激的沙漠探险；寻访沙漠中散落的湖域明珠——居延海，感受完整的沙漠生态体系；到东风航天城，追寻实现中华民族飞天梦想的地方，近距离参观卫星发射场、指挥控制中心、长征二号火箭、测试中心等地，了解中国航天事业的发展历程。同时感受额济纳旗人民为支持国防建设，舍小家为大家向北迁移140公里的革命精神。

纪念解放战争红色旅游线路：麦新烈士纪念馆→林西县革命烈士陵园→柴胡栏子事件遗址→四道沟梁阻击战遗址→红山景区→克什克腾旗"冰石林"。在麦新烈士纪念馆缅怀在大革命时期及抗日战争时期牺牲的革命先烈；前往林西县革命烈士陵园，柴胡栏子事件遗址，深切缅怀在解放战争时期，在本地斗争中牺牲的烈士以及在柴胡栏子事件中牺牲的冀察热辽中央局党代会冀东代表团成员，追思他们的大无畏精神；在四道沟梁阻击战遗址，进一步感受战争时期战士们为国为民的高尚情怀；探秘玉龙沙湖"中华第一龙"发源地，了解神秘红山文化，入住特色集装箱酒店，体验沙漠越野车，滑沙等刺激户外运动；前往克什克腾石阵，欣赏罕见的地质奇观——冰川融水冲蚀"冰石林"。

塞外抗战红色旅游线路：贝子庙中共锡察巴乌工委遗迹→多伦县察哈尔抗战遗址→多伦湖。前往贝子庙中共锡察巴乌工委遗迹，这里建立了锡林郭勒盟历史上第一个中共党支部，领导锡林郭勒盟各族人民开展民族解放运动；走进"中国马都"锡林浩特，品鉴锡林郭勒蒙餐八绝，于中国马都核心区，观刺激的马术比赛；探秘元上都遗址、元上都博物馆,追溯元上都昔日辉煌,深入感受内蒙古深厚的历史与文化底蕴;参观多伦县察哈尔抗战遗址,这里是中国军民抗击日本帝国主义侵略的一个历史缩影,也是中国共产党抗日战争史上最早的、具有一定规模的完全依靠自己的力量收复的第一座军事重镇;最后到多伦湖,感受湖心岛、山、水、沙、草、林浑然一体的立体画卷。

誓师抗日红色旅游线路:冯玉祥誓师广场→五原博物馆→五原抗日烈士陵园→黄河河套文化旅游区。前往冯玉祥誓师广场,遥想当年五原誓师这一名扬海内外的北伐壮举;走进五原博物馆,全面了解古郡五原的河套农耕文化、军事文化、水利文化、边塞文化;前往五原抗日烈士陵园,了解五原大捷的作战过程,缅怀在五原战役中为国捐躯的烈士;于国家级水利风景区黄河河套文化旅游区,体验湿地度假、了解黄河流域灌溉农业文明;于"大漠明珠"纳林湖畔,欣赏湖泊湿地美景,品尝特色美食,感受"天赋河套"之美。

除上述红色旅游精品线路外,内蒙古各地市也相应发展了红色旅游精品游线(见表2),特别是反映时代发展与少数民族边疆进步的复合游线更受游客青睐。

表 2　内蒙古各地市红色旅游精品线路

专栏 1　呼和浩特红色旅游精品游线
(1)边疆革命奋斗史游线:乌兰夫纪念馆→乌兰夫故居→土左旗青山烈士陵园→大青山革命英雄纪念碑→大青山红色文化公园→大青山抗日游击革命根据地→内蒙古自治区展览馆→内蒙古博物院。
(2)边疆草原风情游线:神泉生态旅游风景区→敕勒川哈素海→哈达门高原牧场→麦野谷生态休闲旅游区→东方甘迪尔风情园→塞外桃源生态旅游区。
(3)白色食品工业游线:伊利集团工业旅游→蒙牛工业旅游区。
专栏 2　包头红色旅游精品游线
(1)边疆奋斗历程游线:中共包头市委旧址→百灵庙起义旧址→王若飞纪念馆→固阳烈士陵园→南海红色收藏馆→包头革命陵园→包头警史馆→"草原英雄小姐妹"展览馆→包头市城市规划展览馆。
(2)大国军工科普游线:北方兵器工业城→包头博物馆→万水泉农垦兵团文化展厅→稀土高新技术产业开发区展厅→中核北方核燃料元件有限公司展览馆。
(3)蒙乡历史风情游线:敕勒川博物馆→包头市城市规划展览馆→包钢公司→白云鄂博文化艺术中心→赛罕塔拉→青鸟养生庄园。
(4)朔方生态主题游线:石门风景区→红花敖包大草原→西河水库旅游度假村→南海湿地景区→吉木斯泰→新世纪青年生态园。
专栏 3　乌海红色旅游精品游线
(1)河曲生态主题游线:乌海市博物馆→乌海龙游湾国家湿地公园→青山翰墨园→甘德尔山旅游区→金沙湾生态旅游区→胡杨岛→马堡店生态旅游区。
(2)城建观光主题游线:甘德尔山生态文明景区→海勃湾生态农业观光旅游基地→滨河西区旅游景区→乌海院子。
(3)河东生态康养游线:武达温泉旅游度假村→乌海健康产业园→龙游湾湿地公园→乌海湖码头→甘德尔山登山步道→乌兰淖尔生态体育公园。

续表

专栏 4　赤峰红色旅游精品游线
（1）关东车村红色游线：农耕体验拓展→克什克腾旗世界地质公园→关东文化初心广场→研学拓展。 （2）红山生态主题游线：阿斯哈图石阵旅游区→克什克腾旗世界地质公园→玉龙沙湖→德日苏宝冷水库水利风景区→敖汉温泉城→美林谷滑雪场。 （3）边疆团结展陈游线：赤峰博物馆→克什克腾旗博物馆→翁牛特旗博物馆→巴林右旗民俗博物馆→敖汉旗博物馆→铁马风情园。 （4）铭记历史主题游线：赤峰烈士陵园→侵华日军木石匣工事旧址。
专栏 5　通辽红色旅游精品游线
（1）爱国主义教育游线：毛泽东像章纪念馆→通辽市博物馆→烈士纪念碑→徐永清纪念馆→吕明仁纪念馆→施介烈士纪念馆→全国劳模纪念馆。 （2）北境生态主题游线：大青沟→胡力斯台淖尔国家湿地公园→孟家段湿地旅游区→扎鲁特旗炮台山公园→库伦银沙湾景区→罕山旅游区→三湖自然保护区→辉特淖尔草原旅游区→阿日昆都冷草原旅游区→莫力庙水库沙湖旅游区→静湖度假村→珠日河草原。 （3）新城工业主题游线：铝厂旅游观赏区→电厂旅游观赏区→霍林河露天矿旅游观赏区。
专栏 6　鄂尔多斯红色旅游精品游线
（1）西部红色主题游线：延安民族学院城川纪念馆→三段地工委旧址→国际共产主义战士阳早寒春→王震井→共产国际交通线→伊盟革命滴哨沟战场→马良诚顾寿山革命烈士纪念园。 （2）生态红色主题游线：响沙湾→大沙头生态文化旅游→察罕苏力德景区→恩格贝旅游区→释尼召旅游景区→七星湖沙漠生态旅游度假→鄂尔多斯文化旅游村→银肯塔拉→马兰花草原景区→鄂尔多斯沙漠大峡谷→榆树壕神树旅游圣地→巴彦希泊日大草原。 （3）西部新城主题游线：鄂尔多斯博物馆→国土资源博物馆→砒砂岩水利风景区→鄂尔多斯世珍园→神东煤海工业旅游区→恩格贝沙漠博物馆→牧民根雕博物馆→万家寨水上娱乐中心。
专栏 7　呼伦贝尔红色旅游精品游线
（1）红色国际风采游线：苏联红军总参谋部二卡地下交通站景区→苏联红军烈士陵园→三段地工委旧址→诺门罕战役遗址景区→满洲里红色国际秘密交通线教育基地→世界反法西斯战争海拉尔纪念园→满洲里国门景区→中俄边境旅游区。 （2）铭记历史主题游线：巴彦汗日本关东军毒气试验场遗址→侵华日军海拉尔要塞北山遗址→海拉尔纪念园→抗联英雄园→刘少奇主席纪念林→布苏里北疆军事文化旅游景区→中东铁路博物馆。 （3）草海生态主题游线：呼伦贝尔大草原→根河源国家湿地公园→呼和诺尔草原旅游区→莫尔道嘎国家森林公园→红花尔基森林公园→额尔古纳乌兰山景区→巴林雅鲁河国家湿地公园→绰尔雅多罗国家湿地公园→绰源国家湿地公园。 （4）边疆现代服务业游线：海拉尔农业发展园区→中俄互市贸易旅游区→创业园旅游纪念品研发基地→中俄蒙国际冰雪乐园→中俄蒙文化创意产业园→一代天骄中电生态文化景区→扎兰屯昂勒滑雪小镇。 （5）边境风情主题游线：巴尔虎蒙古部落民俗旅游度假景区→中俄互市贸易旅游区→额尔古纳民族博物馆→呼伦贝尔民族博物馆→陈巴尔虎旗博物馆→中国达斡尔风情园→达斡尔民族博物馆→鄂伦春民族博物馆→敖鲁古雅鄂温克民俗风情园→室韦俄罗斯民族之家→凤凰湖水利风景区。 （6）大河能源主题游线：伊敏河沿河公路→伊敏河煤矿工业区→753 高地→伊敏小镇。
专栏 8　巴彦淖尔红色旅游精品游线
（1）抗日誓师红色游线：五原县冯玉祥誓师广场→五原县博物馆→五原抗日烈士陵园→巴彦淖尔市临河区黄河河套文化旅游区→磴口县纳林湖旅游区。 （2）河套静好生态游线：纳林湖→河套文化旅游区→临河黄河国家湿地公园→牛心山风景旅游区。 （3）惠民育士纪念游线：三盛公水利枢纽工程→根河源国家湿地公园→中国河套文化博物院→乌拉特梭梭林蒙古野驴国家级自然保护区→科技文化会展中心→走西口·中国民俗第一村。 （4）河套工业旅游游线：河套酒业集团→康尔徕生态园。

续表

专栏9 乌兰察布红色旅游精品游线
（1）边疆解放历史游线：集宁战役红色纪念园→化德烈士陵园→凉城贺龙纪念馆。
（2）冀北风情生态游线：格根塔拉草原旅游区→林胡古塞旅游区→黄花沟风景区→九龙湾旅游区→察尔湖→辉腾锡勒草原区→辉腾锡勒铁骑旅游中心→天鹅湖草原湿地候鸟观光生态旅游区→礼宾之地→德立海生态园。
（3）现代康养度假游线：窝阔台汗宫旅游度假中心→草原明珠旅游度假中心→苏木山森林公园→岱海温泉。
（4）边疆现代产业游线：风电产业园→聚多源现代农业观光采摘园→九十九泉度假村。
（5）大国飞天观礼游线：四子王旗神舟着陆区。

专栏10 兴安盟红色旅游精品游线
（1）解放兴安红色游线：侵华日军阿尔山要塞遗址→五一会议旧址→巴拉格歹兴安第一党支部→索伦惨案烈士墓→内蒙古自治区党委办公楼旧址→内蒙古民族解放纪念馆→内蒙古军区司令部旧址→内蒙古骑兵第一师师部旧址→内蒙古日报社旧址→乌兰夫办公旧址→乌兰浩特烈士陵园。
（2）换天改地纪念游线：兴安盟博物馆→阿尔山温泉建设纪念碑→五一会议旧址→乌兰夫办公旧址→南兴安爱国主义教育基地→图牧吉自然博物馆→科尔沁右翼前旗博物馆→内蒙古民族解放纪念馆。
（3）温泉滑雪康养游线：海神圣泉旅游度假区→五角枫休闲度假区→阿尔山滑雪场。
（4）兴安生态风情游线：图牧吉国家级自然保护区→明星水库风景区→绰勒水库生态旅游区→阿尔山国家森林公园。
（5）农牧文明主题游线：兴安盟博物馆→扎赉特旗绰尔河农耕博物馆→图什业图广场。

专栏11 锡林郭勒盟红色旅游精品游线
（1）塞外抗战红色游线：贝子庙中共锡察巴乌工委遗址→锡林郭勒红色旅游纪念馆→巴拉格歹兴安第一党支部→索伦惨案烈士墓→内蒙古自治区党委办公楼旧址→内蒙古民族解放纪念馆→内蒙古军区司令部旧址→内蒙古骑兵第一师师部旧址→内蒙古日报社旧址→乌兰夫办公旧址→乌兰浩特烈士陵园。
（2）塞外风情主题游线：野狼谷旅游区→古日格斯台国家级自然保护区→风情马镇旅游区→御马苑旅游区→游牧文化保护区→古勒斯台生态旅游区→白音锡勒草原牧场。
（3）大湖大漠生态游线：多伦湖→浑善达克沙漠→姑娘湖旅游区→大渡口生态旅游区→小札格斯台淖尔→游牧文化保护区→古勒斯台生态旅游区。
（4）塞外明珠旅游游线：二连浩特中蒙跨境旅游合作示范区→二连浩特恐龙博物馆→扎门乌德口岸→乌珠穆沁文化广场→生命之源纪念碑→古勒斯台生态旅游区→别力古台文化园→赛罕塔拉旅游园。
（5）杭盖文化主题游线：巴音杭盖牧人之家→白银查干牧户游。

专栏12 阿拉善盟红色旅游精品游线
（1）筑梦塞北红色游线：阿拉善左旗腾格里沙漠天鹅湖→额济纳旗黑城弱水胡杨风景区→额济纳旗胡杨林生态旅游→额济纳阿拉善沙漠世界·国家地质公园（居延海景区）→额济纳旗东风航天城旅游区。
（2）胜天换地纪念游线：阿拉善博物馆→阿拉善盟胡杨林旅游区→贺兰山国家级自然保护区→乌日斯草原→东风航天城。
（3）瀚海明珠风情游线：腾格里沙漠月亮湖→通湖草原→东居延海水利风景区。

其中，内蒙古新时代大国重器红色旅游线路也成为内蒙古自治区反映新时代建设的主题游线，其线路为内蒙古自治区博物院→北方兵器工业城→包钢集团→五原县河套农耕文化博览→磴口黄河三盛公国家水利风景区。走进内蒙古自治区博物院，在飞天神舟展厅，观赏以内蒙古为基础的大型中国航天科技陈列，了解共和国航天史、航天成就和内蒙古人民对中国航天事业的贡献；参观北方兵器工业城，近距离观赏自新

中国成立以来，自主生产及引进的装甲车、火炮、战斗机和导弹等退役武器，感受祖国北疆国防的发展历程；走进包钢集团，追忆新中国成立初期中国的钢铁生产岁月；在五原县河套农耕文化博览，了解古代农耕文明向现代农业文明转变的过程；前往巴彦淖尔，在磴口黄河三盛公国家水利风景区，登天下黄河第一锁、万里黄河第一闸，走进河套源头，叹服于气势恢宏的枢纽工程与大河风光。

（二）东北区域

1. 东北区的红色旅游环境及特色资源解读

（1）东北区红色旅游环境

我国东北地区指黑龙江、吉林和辽宁三省以及内蒙古东四盟构成的区域，这里主要介绍黑龙江、吉林、辽宁三省的红色旅游环境。东北有着悠久的光荣历史和革命传统。"九一八"事变后，东北各族人民和东北军部分爱国官兵，在中国共产党抗日号召影响和推动下，纷纷组成救国军、自卫军、大刀会、红枪会等抗日武装。七七事变后，东北抗联各军在林海雪原广泛开展游击战，歼敌近万人，涌现出了杨靖宇等大批抗日英雄将领，产生了"八女投江"等许多英雄壮举。1945年8月，抗日联军还配合苏军收复了佳木斯、哈尔滨、长春、沈阳等57个战略要点，解放了全东北。震惊中外的辽沈战役及其胜利，奠定了蒋介石反动派走向灭亡、中国人民解放战争走向胜利的基础。现今东北地区拥有我国12个重点红色旅游区中的其中一个：以松花江、鸭绿江流域和长白山山区为重点的"抗联英雄，林海雪原"东北红色旅游区。

黑龙江省除了将与中国共产党密切活动的相关资源列为红色资源，还将很多与中国共产党密切活动相关的地方列为自己的红色资源区。因此，很多解放战争时期、社会主义建设时期，甚至改革开放时期的遗迹和故居也都被囊括到了黑龙江红色旅游范畴之中。通过红色旅游资源的开发而不断地提升黑龙江省的地方名声，促进黑龙江特色产业的深层次发展，从而将本地区的资源优势逐渐转化成为经济上的优势，从而促进黑龙江省整个地区经济上的快速发展。近年来，黑龙江省红色旅游客流量也呈现稳定增长的态势，年均增长109%，带动了5万人就业，并带动了其他地方产业的发展。

目前，在党中央号召及地方政府的支持下，吉林省红色旅游资源的开发与建设已粗具规模，形成了以革命遗址、革命纪念馆、革命博物馆和烈士陵园为主要参观旅游学习基地，并且这些红色文化遗址主要集中在今天的四平、长春、通化、吉林、延边等地区。如通化的国家4A级旅游景区杨靖宇烈士陵园、东北抗联史迹纪念馆，长春市的伪皇宫博物馆、东北沦陷史陈列馆，吉林的吉林市博物馆和吉林市烈士陵园等。

随着辽宁省红色旅游的蓬勃发展，红色旅游在整个旅游市场中所占的比重也逐年增加。在国内,辽宁省红色旅游的主要客源市场是来自东北三省,其次是京津、山东,此外,上海和长江以南也有一定数量。目前,辽宁省内红色旅游路线大多以半日游、一日游为主,如沈阳→抚顺,锦州→葫芦岛,大连→丹东,抚顺→本溪→丹东等。而跨省区旅游线路多为串联几个省市,主要是东北地区解放战争旅游线路:长春→四平→沈阳→锦州→葫芦岛→秦皇岛→北京。更多的情况下,红色旅游景点是作为一条常规旅游线路中的一个景点,在省内还没有一条游览时间较长、以红色旅游为主体,以革命精神为核心,串联多个红色旅游景点的经典旅游线路。

(2)东北区红色旅游特色资源

东北地区的红色历史主要源于抗日战争时期和1946—1949年的解放战争时期,例如"九一八"事变、八女投江殉国事件、侵华日军建立731部队、四平保卫战、辽沈战役等事件均发生在东北土地上。这些历史故事所遗留下来的遗址遗迹、红色精神都是东北所特有的红色旅游资源。除此之外,东北还有满、蒙、锡伯、回、朝鲜族多民族聚居,这些民族文化与红色旅游结合在一起又形成了东北特有的红色旅游资源。

2. 黑龙江红色旅游资源赏析与游线设计

(1)黑龙江红色旅游资源赏析

黑龙江省红色旅游资源类型丰富,主要划分为以下7类:

① 革命根据地

黑龙江革命老区是中国共产党组织建立较早的地区之一,早在1923年就建立了中共哈尔滨组织委员会,1927年成立的中共满洲省委是党的领导机构。在艰苦的抗日战争中,东北抗日联军开辟了广大的抗日游击区和游击根据地,黑龙江革命老区就是指黑龙江境内的抗日游击区和根据地。

② 革命战争

黑龙江省既是抗日战争的起源地,也是抗日战争的终结地。自1931年11月初在齐齐哈尔江桥保卫战中打响了抗战的第一枪,至1945年8月攻克东宁要塞的抗日战争最后一站,历经14年,是全世界反法西斯时间最长的地区。在抗日战争期间,涌现出了东北抗日联军这支为日军闻风丧胆的英勇善战的队伍。东北抗日联军共建11支军队,其中,除第一军、第二军活动在吉林、辽宁外,其他9个军,还包括抗联第二军的一部分,都在今黑龙江省境内组建战斗。黑龙江省是东北抗联的主战场。

③ 名人故居

指的是一些仁人志士曾经生活和工作过的地方,主要代表有:周恩来早年来哈尔滨住址、萧红故居、林枫故居等,故居内的布局大都保持着原有的风格,后人可以从中亲身地感受到那些名人的生活习惯,联想到他们气壮山河的一生。

④ 历史文献

在新民主主义革命时期，安怀音在哈尔滨创办《大北新报》发表《文学家与革命家》首倡革命文学。此后《东北早报》《哈尔滨日报》等报纸、杂志也发表了诸如《唯物史观与文学》《我也来谈谈革命》等革命论文。这些历史文献客观地展示了我国革命斗争的历史历程，同时也为我们研究黑龙江省的红色历史、红色文化提供了重要的依据。

⑤ 纪念场所

黑龙江省的纪念场所包括英雄纪念碑、纪念馆、烈士陵园、革命遗址。其建设目的是纪念在战争时期和祖国建设时期，为了民族的解放和国家的富强而献出自己生命的人民战士、民族英雄和行业楷模。比如，抗联游击队纪念碑、赵尚志、赵一曼烈士纪念馆、夏云杰牺牲地旧址等。

⑥ 红色精神

从新民主主义革命到祖国建设时期，黑龙江红色资源传承了伟大的革命精神和爱国主义精神，包括舍生取义的东北抗联精神，把祖国的建设放在首位的、迎难而上的大庆精神、铁人精神、北大荒精神等都是黑龙江省宝贵的红色文化资源。

⑦ 红色人物

无论是在革命战争时期还是祖国建设时期，黑龙江省所涌现出的众多的英雄楷模都是黑龙江红色资源的重要构成。比如，赵尚志、杨靖宇、赵一曼、李兆麟等抗日英雄，他们身上所凝聚着的忠诚、爱国、奉献、不屈不挠的精神，鼓舞并激励着后人。

黑龙江省红色旅游资源特征有以下3点：

① 鲜明的政治主题性

在阶级社会中，任何一个政党都试图将自己的阶级意识渗透到社会成员的思想意识当中。黑龙江红色资源传承的是我国的主流意识形态，这使它具有了政治属性。黑龙江红色资源从产生到发展都有着鲜明的无产阶级属性，随着时代的发展，其政治内涵不断地被丰富，其对政治的服务性也不断地被凸显。

② 资源分布呈现广泛性

黑龙江省红色资源具有分布广泛、内容丰富、类型多样的特点。黑龙江红色资源是我国红色资源重要的组成部分，也是传承优秀民族精神和爱国主义精神的载体。

③ 显现的边疆御敌特性

黑龙江作为祖国的北部边疆地区，以独特的地理位置、优良的民俗民风、风俗习惯、意识形态无不体现着中华民族的优秀文化和国家力量。黑龙江省作为俄罗斯的近邻，是我国最早接触到马克思主义理论的省份。由于黑龙江省地处边境，又是我国重要的战略基地,在抗日战争时期,黑龙江省广大的人民群众在中国共产党的领导下奋勇向前,消灭了大批的侵华日军,缔造了不朽的东北抗联精神。

(2)黑龙江红色旅游游线设计

线路1:哈尔滨→长春→沈阳线,由哈尔滨市东北烈士纪念馆、东北抗联博物馆、侵华日军731部队罪证陈列馆、哈尔滨市尚志市革命烈士陵园、赵一曼被捕地、长春市东北沦陷史陈列馆、沈阳"九一八"历史博物馆等红色旅游景点组成。

线路2:哈尔滨→尚志→牡丹江→东宁线,由尚志市革命烈士陵园、赵一曼被捕地、牡丹江市八女投江革命烈士陵园、海林市杨子荣烈士墓及剿匪遗址、侵华日军东宁要塞遗址等红色旅游景点组成。

线路3:哈尔滨→尚志→海林→牡丹江→鸡西→密山线,由尚志市赵一曼被捕地、海林市杨子荣烈士墓及剿匪遗址、牡丹江市八女投江革命烈士陵园、鸡西市侵华日军虎头要塞遗址、密山市东北民主联军航空学校旧址纪念馆等红色旅游经典组成。

线路4:齐齐哈尔→泰来→哈尔滨线,由齐齐哈尔泰来县江桥抗战纪念地、哈尔滨市东北烈士纪念馆、侵华日军第731部队罪证陈列馆等红色旅游景点组成。

线路5:黑河市爱辉区→孙吴县→五大连池市→北安线,即以黑河旅俄华侨纪念馆、孙吴侵华日军罪证陈列馆、朝阳山抗联遗址展览馆、红灯记广场、北安博物馆等红色旅游景点组成。

线路6:侵华日军鸡西罪证陈列馆→中国人民解放军军事工程学院纪念馆→大庆油田历史陈列馆→黑河市瑷珲历史陈列馆。游览此线路,体验在中国共产党带领下黑龙江人民艰苦卓绝的奋战史。

除以上6条线路外,黑龙江省各地市也相应设计了关于新时代发展的文化旅游线路,其中,以哈尔滨群力国家城市湿地公园→北大荒现代农业园→北方现代都市农业旅游示范园→凤凰山国家森林公园→二龙山旅游风景区→英杰旅游景区→森工平山旅游区→石城山森林公园→原野民俗风情园为核心的农业生态体验游线、齐齐哈尔华安军工旅游区→飞鹤原生态牧场→富拉尔基一重旧址为核心的工农新天主题游线、牡丹江宁安渤海风情园→火山口国家森林公园→威虎山→吊水楼瀑布→莲花湖大坝景区→东北红豆杉自然保护区→中国人民解放军"八一雪场"为核心的林海雪乡生态游线、四丰山水库风景区→八岔岛国家级自然保护区→富锦国家湿地公园→桦川国家森林公园→富锦沿江湿地自然保护区→三江平原自然保护区→同江三江口→黑瞎子岛→华夏东极森林公园→大亮子河国家森林公园→街津口旅游度假区为核心的三江生态主题游线等线路,在反映新时期黑龙江精神、美丽乡村建设成就的同时,也为黑龙江旅游经济振兴、增进黑龙江新时期旅游发展知名度提供了具备时代性、进步性和长远性的旅

游发展线路。

3. 吉林红色旅游资源赏析与游线设计

（1）吉林红色旅游资源赏析

吉林省红色旅游资源丰富，共有抗日战争和解放战争时期遗址遗迹239处，红色旅游资源分布的空间差异性较强，主要分为吉北地区、中部环形区和南部核心区三个板块，其中，中部和南部地区红色旅游资源的数量较多，为吉林省打造具有影响力的红色旅游品牌创造了良好的外部条件。在全国12个重点红色旅游区中，涉及吉林省的有1个，即东北红色旅游区；30条精品旅游线路中，吉林省拥有1条（四平→吉林→敦化→延吉→白山→临江→通化→集安线），是整个东北红色旅游区中线路最长，覆盖地区最多的一条红色旅游线路；全国200个重点爱国主义教育基地中，吉林省占有4个。

（2）吉林红色旅游游线设计

在全国30条红色旅游精品路线中，"四平→吉林→敦化→延吉→白山→临江→通化→集安"一线的主要红色旅游景点有四平市四平战役纪念馆及烈士陵园、白山市郊七道江遗址、靖宇县杨靖宇将军殉难地、通化市临江市"四保临江"烈士陵园、陈云旧居、杨靖宇烈士陵园。

除上述红色旅游景点外，吉林省围绕"白山黑水"生态建设成果，对标新时期红色旅游发展模式，在域内各市打造多样红色旅游、文化旅游新线路，并精心打造出4条主题红色旅游线路。

线路1：红色旅游与长白山生态之旅：磐石市（抗联英雄杨红光纪念馆）→桦甸市（红石国家森林公园杨靖宇密营地）→辉南县（兵工旧址）→靖宇县（杨靖宇将军殉国地、东北抗日联军纪念园）→抚松县（张蔚华烈士陵园）→长白县（塔山公园、解放战争与抗美援朝烈士纪念碑群）。该线路主要涵盖东北抗联时期的历史遗址、纪念场馆、教育基地。

线路2：红色旅游与高句丽民族文化之旅：磐石市（抗联英雄杨红光纪念馆）→辉南县（兵工旧址）→柳河县（河里地区抗联遗址）→通化（杨靖宇烈士陵园、东北抗日联军纪念馆）→集安市（鸭绿江国境铁路大桥景区）。该线路主要涵盖东北抗联时期的历史遗址、纪念场馆、教育基地。

线路3：红色旅游与朝鲜族文化之旅：敦化市（陈翰章烈士陵园）→安图县（长白山北坡大戏台河景区东北抗联"大沙河阻击战"战场遗迹、"密营"旧址）→延吉市（延边博物馆、革命烈士陵园）→图们市（凉水断桥、铁路历史展馆）→汪清县（中共东满密营）→珲春市（大荒沟红色旅游、防川景区的望海阁、东方第一哨）。该线路主要涵盖东北抗联时期的历史遗址、纪念场馆、教育基地。

线路4：新时代红色旅游与文化体验之旅：伪满皇宫博物院暨东北沦陷史陈列馆→吉林省档案馆→中国人民解放军65319部队团史馆→长春电影制片厂→长春解放纪念碑→中国第一汽车集团公司，依托上述红色文化旅游资源打造爱国主义教育线路，体验吉林深厚的红色文化底蕴。

4. 辽宁红色旅游资源赏析与游线设计

（1）辽宁红色旅游资源赏析

辽宁省红色旅游资源十分丰富，且特点鲜明，全省现有国家级爱国主义教育示范基地10个，省级35个，市级179个。其中，已经开发利用的约50处。这些红色旅游资源涵盖了抗日战争、解放战争、抗美援朝、社会主义建设四个时期的内容，其中"沈阳→锦州→葫芦岛→秦皇岛"线列入国家30条"红色旅游精品线路"之中；抚顺平顶山惨案遗址纪念馆、抚顺战犯管理所旧址陈列、沈阳"九·一八"历史博物馆、大连关向应纪念馆、锦州辽沈战役纪念馆、锦州黑山阻击战景区、葫芦岛塔山阻击战纪念馆、丹东抗美援朝纪念馆、丹东鸭绿江断桥、沈阳抗美援朝烈士陵园等10个景区列入国家100个"红色旅游经典景区"之中，而且这些爱国主义教育基地全部处在旅游功能比较完善的旅游城市中，已构成辽宁省红色旅游骨干体系，年接待游人规模在50万至100万人次之间，发展红色旅游有很大的潜力和优势。

（2）辽宁红色旅游游线设计

在全国30条红色旅游精品线路中，沈阳→锦州→葫芦岛→秦皇岛线主要红色旅游景点有沈阳市"九一八"历史博物馆、抗美援朝烈士陵园、抚顺市平顶山惨案遗址纪念馆、战犯管理所旧址、锦州市辽沈战役纪念馆、黑山阻击战纪念馆、葫芦岛市塔山阻击战纪念馆。

此外，基于"忆往昔民族团结艰苦抗战，感受大东北新辽宁今日发展"的思想，以传统的爱国主义教育基地参观旅游为主线，同时辅以"壮丽山川""多彩关东""和平边境""生态乡村"的旅游元素，设计如下两条线路。

线路1："忆往昔峥嵘岁月"线路：沈阳（沈阳"九一八"历史博物馆、爱国将军张学良故居张氏帅府、抗美援朝纪念馆）→本溪（东北抗联史实陈列馆）→丹东（鸭绿江断桥）。该线路中传统的爱国主义教育基地有沈阳"九一八"历史博物馆、爱国将军张学良故居张氏帅府、东北抗联史实陈列馆、抗美援朝纪念馆、沈阳抗美援朝烈士陵园和鸭绿江断桥。线路地点一路从"九一八"事变的爆发地沈阳，到东北抗联起点的本溪，再到抗美援朝第一大圣地丹东，三个城市共同展示了在辽宁这片广袤的黑土地上发生的红色事件，让游客在感受战争残酷的同时，不禁激发起强烈的爱国主义情怀。红色人物从爱国将军张学良，到响应中共号召掀起了东北人民抗日救亡运动的东

北抗日联军,再到打倒美帝国主义侵略者的中国人民志愿军,他们共同展示了中华民族团结一心,英勇不屈的革命斗争精神。

线路2:"扬今朝多彩辽宁"线路:沈阳(沈阳故宫)→本溪(本溪关门山、本溪满族自治县)→丹东(丹东大梨树)辽宁是大东北的重要组成部分也是关东文化的重要载体,黑土地上的红色旅游,除了缅怀红色历史,还可以感受"壮丽山川""多彩关东""和平边境"和"生态乡村"多彩魅力。爱我"美丽中国"胸怀豪迈:线路中本溪关门山是长白山余脉,有"东北小黄山"的美誉,游客可以登山俯瞰祖国壮丽山川,寄情祖国山水、直抒胸臆;一方水土养育一方人,生活在白山黑水之间的东北人民豪放洒脱,满、蒙、锡伯、回、朝鲜族多民族聚居,沈阳是清朝的发祥地,沈阳故宫记载了由少数民族满族建立的清王朝建立之初的历史,在本溪满族自治县体验满族人民风俗饮食,在与边境丹东,品尝地道的朝鲜族韩式料理,观看朝鲜族民俗表演;辽宁生态乡村建设,东北人民新生活;在丹东大梨树,游客置身万亩花山果园,体验人与自然和谐相处的美妙。

除上述线路外,围绕新时期重工发展、城市建设与工业旅游领域发展,辽宁推出了"辽宁工业发展奋进史"线路。其中,以东北航空历史纪念馆→铁西老工业基地展览馆→鞍钢集团博物馆→大连现代博物馆为核心,反映东北工业成就进步的游线是当下辽宁主推的精品游线之一。东北航空历史纪念馆是东北地区最大的航空主题纪念馆,通过珍贵的历史资料,真实地再现了中华民族抗日战争和东北航空可歌可泣的历史。铁西老工业基地展览馆指铁西区铸造博物馆和工人村生活馆,工人村是中国最大、最密集的重工业和装备制造业基地工人生活的缩影,真实见证了东北工业发展历史及发展进程中工人阶级的酸甜苦辣。鞍钢集团博物馆展示和收藏大量具有珍贵历史价值的照片和文物,博物馆设有十一个主题展区,以及1919年竣工投产的老一号高炉、原二烧车间厂房的烧结机两个特展区。大连现代博物馆,国家一级博物馆,中国第一座以"现代"冠名的综合性博物馆,是大连市开启21世纪的标志性文化建筑。

(三)华东区域

1. 华东区的红色旅游环境及特色资源解读

(1)华东区红色旅游环境

华东区包括上海、江苏、浙江、安徽、福建、江西、山东六省一市。台湾省从地理区划上属于华东区,因其特殊性,与香港特别行政区、澳门特别行政区一起放在本章第(八)条进行讲解。华东区拥有我国12个重点红色旅游区中的其中2个:以上海为中心的"开天辟地,党的创立"沪浙红色旅游区;以皖南、苏北、鲁西南为中心的

"东进序曲,决战淮海"鲁苏皖红色旅游区。以上海为中心的沪浙红色旅游区具有悠久的历史和光荣的革命传统,中国共产党就诞生于此,近现代许多重要历史事件和历史人物的重要活动都发生在这里,如小刀会起义、五卅运动、上海工人三次武装起义、淞沪抗战等。鲁苏皖红色旅游区是南方红军开展游击战争、同日伪军做斗争的重要地区,也是反击国民党军"围剿"、与国民党军决战并使其土崩瓦解的重要战场。这里既发生过我军战争史上最悲壮的一页"千古奇冤",又取得过一举歼灭国民党军 55.5 万余人的重大胜利。

上海凭借丰富的红色旅游资源,着力打造了两大红色旅游片区,即依托世博园、陆家嘴地区等反映改革开放伟大成就、具有时代特征的浦东片区;依托革命遗迹、名人故居、革命历史纪念馆、烈士陵园四大系列红色旅游景点,反映上海革命历史和发展成就的浦西片区。开发了"红色追忆、红色成果、红色连线"三大系列红色旅游精品线路,培育形成了"开天辟地""英烈丰碑""文化先驱""伟人风范""走向未来"五大主题红色旅游经典景区。

浙江是中国革命和武装斗争的积极活动区域,革命遗址遗迹丰富,加之历史文化深厚,风景秀丽,经济发达,具有发展红色旅游得天独厚的优势。近年来,各级党委和政府十分重视红色旅游发展。红色旅游投入不断增加,革命传统教育活动日益深化,在旅游业快速发展的环境下红色旅游景区建设加快推进,游客人数较快增长,社会参与初显成效。

江苏有着丰富多样的红色旅游资源,开发了一批红色旅游产品,红色旅游发展迅猛;江苏地处长江三角洲核心区域,所以自然、地理、旅游经济区位优势突出,交通、服务设施先进,这些为江苏红色旅游发展增添了强劲动力。但江苏红色旅游景区的规划和经营管理模式是为了适应特定时期革命教育活动的需要而设计和建立的,景区基本靠国家拨款维持运转,旅游产品的改革创新力度不够,经济效益较低。

安徽红色旅游发展速度较快,效益明显。自 2004 年以来,红色旅游知名度、美誉度不断提升,成为人们出游的热点。随着红色旅游吸引力、感染力和品牌影响力的增强,群众参与红色旅游的积极性和满意度明显提高。此外,安徽已形成了一定规模体系的红色旅游资源。全省红色旅游 A 级景区 51 家,其中,4A 级景区 18 个,年接待游客超过百万人次的景区 6 个,景区服务质量和接待能力明显提升。全国 30 条红色旅游线路中安徽占 3 条。红色旅游从业人员队伍不断扩大,素质明显提高。

江西是中国共产党独立领导革命武装斗争的策源地和发源地,为今天江西红色旅游资源的发展留下了永恒伟大的精神财富。江西红色旅游资源的代表是"四大摇篮",全国最大的红色革命根据地——中央苏区,以及"新四军的诞生地"。据初步统计,江

西省共有81个县（市）被国家定位革命根据地县（市），江西有336处革命纪念馆、革命旧址被辟为各级爱国主义教育基地，江西省有革命烈士纪念建筑物408处，革命文物4万多件等。全国红色旅游精品线路江西有4条，全国红色旅游经典景区中，江西有5处。

  山东省的红色旅游空间格局定位为"一个核心，四个区域，一条主线"。根据山东省制定的《山东红色旅游发展纲要》，一个核心即沂蒙山革命根据地，这一地区是沂蒙革命精神的承载地，是山东省红色文化积淀最深的地区，是山东红色旅游体系的焦点和形象代表；四个区域包括以菏泽为中心的冀鲁豫边区，以济宁和枣庄为中心的铁道游击队活动区，以烟、潍坊、青岛及威海为中心的胶东革命根据地，以滨州、东营和德州为中心的渤海革命老区；一条主线是指八路军115师在山东的转战路线，这条主线可以将山东省红色旅游的"一个核心，四个区域"串联起来、在空间上形成山东大红色旅游图。山东省集中打造了山东红色旅游概念线路、沂蒙红色文化旅游线、胶东红色文化旅游线、铁道游击队红色文化旅游线、鲁西南和冀鲁豫边区红色文化旅游线、渤海革命老区旅游线7条精品线路。

  福建以"古田会议丰碑，万里长征起点"为主题，开发以古田会议旧址为龙头，以闽西苏区为重点的红色旅游产品，辐射闽北、闽东等地，形成了具有福建特色的红色旅游发展格局，红色旅游形成了一个蓬勃发展的良好势头。但是从总体上看，和全国许多省份红色旅游营销现状相似，普遍存在着如下现象：政府热，企业冷；媒体热，民众冷；游客多，效益少；节庆活动多，常规营销少。这些使得福建红色旅游与江西、湖南乃至陕西等红色旅游资源相对丰富的省份比，仍有较大差距。

（2）华东区红色旅游特色资源

  上海拥有丰富的历史文化底蕴和红色文化资源，上海红色文化资源的形成首先要归功于上海的文化环境，如建党初期的《新青年》、中共早期创办的《热血日报》、白色恐怖时期的《前哨》、鼓舞民众积极参加抗日救亡的《大众生活》，以及马、恩原著译本、《西行漫记》等进步读物以及其他文艺作品都是在上海诞生的，也为这座城市注入了先进思想的活力；其次是上海的社会基础，上海自开埠以后，就迅速吸引了大量外资以及民族资本的涌入，使上海成为一个工人集聚的地方。同时晚清以后，上海就成为中国知识分子最集中的地方。1921年之后，上海每年都有大专院校增加，吸引了大批留学生以及进步作家和文化人士，如留日归来的郭沫若、陈望道，留法归来的巴金、梁宗岱，留美归来的胡适、赵元任、冰心等，工人阶级的壮大、进步人士的集聚，为中国共产党的成立以及红色文化资源的形成奠定了社会基础。上海拥有发达的交通和便捷的邮政通信，20世纪初，上海不仅拥有内河、长江、沿海和外洋四大航运系统，同时上海的市内交通也很发达。20世纪30年代，适应不同阶层、不同距离、不同需要的上海市内交通工具应有尽有。活跃的文化环境，壮大的工人阶级、进步人士的集聚以及发达的交通和便捷的邮政通信使得上海形成了极为丰富且特别的红色文化资源。

浙江最具特色的红色资源是嘉兴的红船精神。中国共产党第一次全国代表大会在上海秘密召开，后因遭法租界巡捕房骚扰，会议转移到嘉兴南湖继续举行。在这里，中国共产党的一大通过了历史性文件——第一个党纲和第一个决议。党纲明确规定：我们组织的名称是"中国共产党"。党的决议指出：当前党的中心工作是领导工人运动。大会选举陈独秀、李达、张国焘组成党的中央局，陈独秀任书记。这段红船历史造就了浙江的红船精神，即开天辟地、敢为人先；坚定理想，百折不挠；立党为公、忠诚为民。这成为浙江最具特色的红色旅游资源。

江苏在旅游资源方面有五大主题：一是东进序曲。江苏是新四军抗日斗争的主战场，韦岗战斗、黄桥战役、重建军部、沙家浜军民鱼水情、车桥战役等都发生在这里。二是决战淮海和大军渡江。解放战争中的淮海战役、渡江战役的主战场也在这里，留下了碾庄战斗、十人渡江第一船、人民海军诞生地等遗物遗迹。三是英杰辈出，周恩来、瞿秋白等老一辈无产阶级革命家诞生于此，刘少奇、邓小平等在此指挥过军事斗争。四是烈士永垂和同胞长眠。五是统战奠基，以梅园新村中共代表团办事处为中心，展示我党与各民主党派在白色恐怖中携手合作，结下深情厚谊的经历。这五大主题均形成了江苏红色旅游资源的特色资源。

安徽红色旅游品牌形象定位为"铁的新四军、红色皖土地"，品牌关键词为"新四军、淮海战役、大别山、渡江战役、老区"、具体设计为"两大文化"（新四军文化、红军文化），"三大精神"（云岭精神、大别山精神、双堆集精神）。这些文化和精神形成了安徽红色旅游资源的特色资源。

江西有着光荣的革命传统，许多印在人们脑海的历史革命都发生在江西，如八一南昌起义、井冈山斗争、秋收起义、安源工人运动、开创瑞金中央革命根据地等。尤其共产党领导的第二次国民革命，在江西创建了大量的根据地，自此江西变成全国最具影响的革命中心。江西红色旅游资源极为丰富，拥有众多革命璀璨之星。其中被列为全国重点文保单位的有"八一"起义指挥部旧址、井冈山革命遗址、瑞金革命遗址、安源路矿工人俱乐部旧址、宁都起义指挥部旧址、闽浙赣省委机关旧址、上饶集中营旧址、庐山会议旧址及庐山等。这些革命历史造就了江西独特的红色旅游资源。

山东境内发生过六大战役：济南战役、莱芜战役、孟良崮战役、鲁西南战役、鲁

南战役、台儿庄战役。刘少奇、陈毅、罗荣恒等老一辈无产阶级革命家曾在齐鲁大地上建立了沂蒙山革命根据地、冀鲁豫革命根据地、胶东革命根据地，建立了山东抗日政权、八路军五师司令部等革命基地。"铁道游击队""地雷战""苦菜花""沂蒙红嫂""小推车送粮"的故事传遍了全国，这些宝贵资源为山东形成了红色旅游资源的特色资源。

福建是一块红色的热土，毛泽东、周恩来、朱德等老一辈无产阶级革命家曾率领英雄的八闽儿女上演了一幕幕威武雄壮、可歌可泣的历史话剧，留下丰厚的历史遗迹。中国共产党领导福建人民在长期的革命实践中培育和形成的古田精神、苏区精神、长征精神、民族团结精神和甘于奉献的牺牲精神等，是中华民族伟大精神在革命斗争中的传承和升华，是优良革命传统的集中体现，也是福建红色旅游资源中的特色资源。

2. 上海红色旅游资源赏析与游线设计

（1）上海红色旅游资源赏析

红色旅游资源是发展红色旅游的基础，作为与井冈山、遵义、延安、西柏坡并列的中国革命五大圣地之一的上海，红色旅游资源极为丰富。目前，拥有近60处革命历史遗址遗迹、纪念馆、陈列馆、故居陵园等红色旅游景点，其中有34家上海红色旅游基地，9家全国红色旅游经典景区。

（2）上海红色旅游游线设计

上海是中国共产党的诞生地，也是"红色基因"的发源地，这是历史赋予这座城市的光荣，也是上海市民的骄傲。上海推出了一批"红色文化"文旅产品和服务。2020年上半年，上海市文旅企业已经推出了数十条红色旅游线路，下半年将根据防控要求，联动江浙皖适时推出长三角红色旅游线路。2020年6月，上海春秋旅游发布了2条红色主题的微游线路。

线路1："不忘初心，走向未来"主题游，线路为中共二大会址→查公馆→兴业太古汇→毛泽东旧居。中共二大会址是当年中共中央局宣传主任李达的寓所，也是我党第一个秘密出版机构——人民出版社的所在地。1922年7月16日至23日，在这里召开了党的历史上一次十分重要的会议——中共二大。这次会议，第一次提出了党的民主革命纲领；第一次提出了党的统一战线思想，制定了第一部党章；第一次比较完整地对工人运动、妇女运动和青少年运动提出了要求；第一次决定加入共产国际；第一次提出"中国共产党万岁"的口号。查公馆是20世纪20年代上海巨贾邱信山、邱渭卿兄弟的旧宅，1937年改为民立中学校舍。查公馆以典型的巴洛克式建筑风格独树一帜，见证了上海大中里的历史变迁，也是上海连接过去与未来的人文坐标之一。上海毛泽东故居在威海路583弄，是一幢二楼二底、砖木结构、坐南朝北的老式石库门里弄住宅建筑。这幢楼的七号，就是毛泽东和夫人杨开慧在1924年2月至年底住过的地方。

线路2："岁月峥嵘，革命礼赞"主题游，线路为：静安公园→刘长胜故居→百乐门→刘晓故居。刘长胜故居是1946年至1949年刘长胜同志任中共中央上海局副书记时的居住地，也是中共中央上海局的秘密机关之一。刘晓故居是1947年至1949年刘晓化名刘镜清，以关勒铭钢笔文具厂副总经理和股东的身份作为掩护，在此居住。抗日战争爆发后，刘晓曾长期领导上海地下党工作。先后担任抗日战争时期的中共江苏省委书记、解放战争时期的中共中央上海局书记。在长达12年的地下工作中，由于刘晓坚决执行中共中央的方针，重建后的上海地下党的基础十分牢靠，在上海沦为"孤岛"的恶劣环境中，组织不仅安全隐蔽下来，而且还取得部分新的发展。

除此之外，体现新时代上海现代化建设风貌的资源也是红色旅游的重要元素，其中"走进新时代，一览新上海"主题游（东方绿舟→上海博物馆→上海城市规划展示馆→世博会博物馆→上海大剧院→上海科技馆→东方明珠广播电视塔）也是一条经典线路。东方绿舟创建于2000年，是上海市落实科教兴国战略和大力推进素质教育的重大工程之一。上海博物馆是一座大型的中国古代艺术博物馆，其收藏、研究、展览和教育以中国古代的艺术品为重点，馆藏文物近102万件，其中珍贵文物14万余件。上海城市规划展示馆上海的标志性建筑之一。展示馆以"城市、人、环境、发展"为主题，沿着历史的文脉，全面系统地介绍了上海这座国际大都市城市形态发展变化的昨天、今天和明天。世博会博物馆由上海市政府与国际展览局合作共建的国际性博物馆，也是国际展览局授权的唯一官方博物馆和官方文献中心。上海大剧院是世界级艺术作品的展示平台、国际性艺术活动的交流平台和公益性艺术教育的推广平台。上海科技馆是上海市政府投资兴建的重大公益性社会文化项目，是全国重要的科普教育基地和精神文明建设基地，是具有中国特色、时代特征、上海特点的综合性自然科学技术博物馆。东方明珠广播电视塔是新上海的标志性建筑之一，以其468米的绝对高度成为亚洲第一、世界第三之高塔。

3. 浙江红色旅游资源赏析与游线设计

（1）浙江红色旅游资源赏析

浙江具有较长的革命传统和抵御外来侵略的光荣历史，党领导的革命遗迹遍布全省，红色旅游资源种类丰富、分布广泛。党史部门初步整理的重要革命遗迹及纪念设施有100多处。包含该省嘉兴南湖的沪浙红色旅游区，是《全国红色旅游发展规划纲要》确定的12个重点红色旅游区之一。温州浙南（平阳）抗日根据地旧址等5个红色旅游景区,列入国家百个"红色旅游经典景区"。在不同历史时期,不同地区,我省都保存着一批重要的革命遗址、遗迹和史实,如长兴新四军苏浙军区司令部旧址、永嘉楠溪江红十三军军部旧址、萧山衙前农民运动遗迹等重要革命遗存,以及梁柏台故居、刘英烈士陵园、徐英烈士故居及纪念馆、小车桥陆军监狱等。

（2）浙江红色旅游游线设计

浙江推出了12条红色旅游精品线路。

线路1:"党的诞生与红色浙江"之旅:上海→嘉兴→平阳。以上海为起点,具有嘉兴南湖风景名胜区和温州浙南（平阳）抗日根据地旧址两个红色旅游经典景区。这是一条国家级精品线路,配套穿插绍兴鲁迅故居及纪念馆、四明山浙东抗日根据地、永嘉楠溪江红十三军军部旧址等经典景区,形成相关景区互动共融、红色浙江别具特色的国内重要旅游干线。积极与上海联运,完善线路设计和推广方案,丰富干线内容,增加干线亮点。同时,着眼于省内配套线路设计和建设,带动省内红色旅游。游览这条线路,主要是重温中国共产党创立时期的伟大历史,体会浙江军民的抗日风云,感受浙江人民当年如火如荼的革命活动。游览江南水乡、畅游四明山、楠溪江、南雁荡等风光秀丽的自然景区,领略山水浙江的独特魅力。

线路2:"名人故里"之旅:绍兴→诸暨→新昌。主要景点景区有绍兴鲁迅故居及纪念馆、周恩来祖居,诸暨俞秀松故居、新昌梁柏台故居等。绍兴水乡风情、山涧奇观、寺庙文化等伴生其中。这条线路的特点是,切实感受伟人成长历程,体会历史伟人、革命志士的风范和精神。游览国家4A级的诸暨五泄、新昌大佛寺风景名胜区,观光绍兴东湖、大禹陵、柯岩等各具特色的旅游名胜。红色景点与绿色景观、人文胜迹交相辉映,具有较强的吸引力。

线路3:"一江山岛战史"之旅:台州椒江→一江山岛→大陈岛。主要景点景区有解放一江山岛烈士陵园,一江山岛登陆战纪念馆,一江山岛和大陈岛战斗遗址等。海岛胜景、海港灯火、海天一色、海鲜美味贯穿线路。这条线路的特点是,系统参观了解首次三军联合作战、解放一江山岛战役的惊心动魄历程,追怀在战争中牺牲的革命英烈,欣赏罕见的大陈岛海蚀和海积景观,体验一江山岛悬崖绝壁、战壕遍布的场景,亲历海上旅行,跻身海港夜游,走海涂,尝海鲜,集教育、旅游、休闲于一体,具有陆海联游的独特魅力。

线路4:"红色边区"之旅:平阳凤卧→山门→南雁荡。主要景点景区有浙南（平阳）抗日根据地旧址、中国工农红军挺进师纪念碑、中共浙江临时省委成立旧址、中共浙江省第一次代表大会会址等。景点位于南雁荡山风景区,毗邻南麂列岛。这条线路是革命胜迹和自然胜景的完美结合,既可体验当年红军挺进师艰难卓越的革命精神,追怀革命先烈，重温北上抗战的豪迈气概，又可以领略南雁荡山、南麂列岛等秀丽旖旎的自然风光。

线路 5："四明山抗日堡垒"之旅：余姚梁弄镇→四明山景区。主要景点景区有四明山革命烈士纪念碑、中共浙东区委旧址、新四军浙东游击队纵队政治部旧址、新四军浙东游击纵队司令部旧址、韬奋书店旧址、浙江银行旧址等。群山连绵，空气清新，森林公园、四明湖、山道古镇镶嵌其中。浙东敌后抗日根据地是中国共产党领导的全国 19 处抗日根据地之一，四明山梁弄曾是浙东敌后抗日根据地的中心，革命历史文化遗迹丰富，四明山景区山水交映，古镇风貌朴实独特，各种景观互相融合，形成了一条集红色历史与绿色生态于一体的精品线路。

线路 6："红色要津"之旅：长兴槐坎→莫干山白云山馆→安吉姚家大院→孝丰。主要景点景区有新四军苏浙军区司令部旧址、苏浙军区纪念馆、苏浙军区一纵队司令部旧址、苏浙公学旧址、被服厂、报社旧址，以及莫干山浙西特委旧址、白云山馆周恩来与蒋介石谈判旧址，安吉反顾自卫战指挥部旧址（安吉姚家大院）等。毗邻南太湖景区、古地质公园，镶嵌于莫干山风景区、生态旅游大县安吉之中。这条线路的特点是，重现抗战时期苏浙军区的风貌，感受革命烈士不怕牺牲、艰苦奋斗的革命精神，体验敌后革命老区生活，观赏古银杏长廊，饱览莫干山的竹、泉、云三胜景及星罗棋布的别墅群落，欣赏天荒坪水电站、藏龙百瀑、隆庆园、大竹海、竹种园等著名景区（点），体会浙北民居休闲的独特风情。

线路 7："浙南红军寻踪"之旅：温州→永嘉五尺乡→楠溪江景区。主要景点景区有温州革命纪念馆、中国工农红军第十三军军部旧址、浙南红军游击总指挥部旧址（黄皮寺）、金贯真烈士墓、东宗事件旧址等。景点景区镶嵌于江心屿景区、楠溪江国家级风景名胜区之中。亲临中国工农红军第十三军军部旧址，体验红军游击作战的艰苦岁月，领略江心屿历史人文胜迹，饱览楠溪江的自然风光，感受浙南古村落文化，红绿结合，独具特色。

线路 8："英烈光辉"之旅：杭州云居山→萧山衙前→富阳受降镇→桐庐新合。主要景点景区有浙江革命烈士纪念馆、浙江革命历史纪念馆、解放杭州纪念碑、钱塘江大桥、萧山衙前农运纪念馆、金萧支队遗址陈列馆和三星堂等，另有侵浙日军洽降仪式旧址（富阳受降镇）。毗邻西湖风光，位于"三江一岛"国家级风景名胜区之中。这条线路的特点是，参观规模大、陈列全、风景优的烈士纪念建筑——浙江革命烈士纪念馆，感受钱塘江大桥抗战风云，体会革命火种在农民运动中的传播，参观具有特殊意义的侵浙日军洽降仪式旧址，追怀游击战士艰苦岁月。欣赏苍松翠柏、闹中取静的云居山风景区，饱览富春山水风光和幽深奇秀、生态别致的瑶琳仙境。

线路9:"星火燎原"之旅:丽水→松阳安岱后→遂昌王村口→龙泉→庆元。主要景点景区有中共浙江省委机关旧址、新四军驻浙江办事处旧址、三岩寺红军洞、安岱后革命遗址、王村口革命遗址群、住龙→宝溪系列革命旧址、斋郎战斗红军指挥部旧址等。镶嵌于瓯江上游景区、多个国家级自然保护区之中,邻近国内唯一的畲族自治县。这条线路的特点是,参观中共浙江省委机关旧址,体味安岱后红色古寨的特色,体验红军战斗历程,游览风景独特的箬寮原始森林,欣赏清代古民居群,饱览百山祖、凤阳山国家级自然保护区奇特风光,感受畲族文化,了解香菇历史,观光廊桥风景,集教育性、观赏性、娱乐性于一体。

线路10:"浩然正气"之旅:金华→义乌→东阳→永康方岩→武义。主要景点景区有金华台湾义勇队旧址、敌后抗日文化中心旧址、施存统故居、陈望道故居、冯雪峰故居、日军侵华细菌战纪念馆、邵飘萍纪念馆、金佛庄纪念馆、刘英烈士陵园、徐英烈士故居及纪念馆、潘漠华故居及纪念馆等。名山、名城、名寺及古镇、古村、古建筑遍布,兼有中国义乌小商品城等。这条线路的特点是,感受全民抗战的英雄气概,追怀红色理论家和抗敌勇士的革命精神,缅怀中共浙江早期领导人的革命风范和战斗历程,铭记日军侵华暴行,游览卢宅、俞源、郭洞等江南典型古民居古村落,饱览双龙洞风景区、方岩景区等浙中山水风光和人文胜迹,购买价廉物美的小商品。

线路11:"浙西红区"之旅:衢州→江山→常山→开化。主要景点景区有衢江区灰坪乡红军标语石刻及红军松、六英烈纪念碑、常山芙蓉乡红军战斗遗迹、开化库坑中共闽浙赣省委旧址和福岭山中共浙皖特委旧址、浙皖军分区旧址、红军医院和军服厂旧址等。另有江山仙霞关抗击日军战斗旧址。邻近有江西苏区纪念地,并有多个著名风景区。这条线路的特点是,感受工农红军艰难困苦的战斗岁月,体验军民团结抗战的英雄气概,追怀边区革命历程,探险江西苏区"红色贸易"之路,观光南宗孔庙,求索龙游石窟,饱览烂柯山、江郎山、古田山、三清山及钱江源的山水风光和自然胜景。

线路12:"海上游击"之旅:舟山定海→普陀→岱山。主要景点景区有舟山烈士陵园、大鱼山烈士纪念碑、登步岛战斗革命烈士纪念碑、桃花岛革命烈士陵园、东海工委旧址、金维映烈士故居等。这条线上有海上佛国普陀山、避暑胜地朱家尖、东海渔港沈家门、东方大港宁波→舟山港。这条线路的特色是,追忆大鱼山血战、登步岛战斗中英雄们的丰功伟绩,体会先辈开展海上革命斗争的光荣历史,缅怀革命先烈的英雄事迹。自然人文景观十分丰富,欣赏普陀山别具风情的海天景色和寺庙景观,以及岱山的"蓬莱十景",饱览海岛风情,遍尝渔家海鲜,感怀现代化港口的快速崛起。

近年来,浙江省紧跟国家政策趋势,大力推进"万村景区化"工程,"环境美、产业旺、文化兴"的美丽村庄景区,在浙江遍地开花。依托浙江省的乡村旅游资源,打造新时代乡村生态文明的红色游线。通过浙江"新时代美丽乡村"之旅:安吉县余村→长兴县顾渚村→嘉兴市潘家浜村→嵊泗县花鸟村→仙居县下叶村→兰溪市八卦村→泰顺县竹里村。到浙江的美丽乡村呼吸新鲜空气、体验生态文明、感受纯朴生活、感受"浙里好风景"。

4. 江苏红色旅游资源赏析与游线设计

(1) 江苏红色旅游资源赏析

江苏有着悠久的革命历史和丰富的红色旅游资源,据初步调查统计,全省13个省辖市分布红色旅游资源291处。从区域分布看,苏南121处,占全省红色旅游资源总量的41.6%;苏中64处,占22%,苏北106处,占364%。根据《旅游资源调查分类和评价》国家标准,江苏红色旅游资源可分为近现代人文活动、近现代革命建筑与设施、近现代遗址与遗迹3个主类、7个亚类和13个基本类型,包括遗址遗迹、陵区陵园、墓群、名人故居等形式多样的旅游景点。这些红色旅游资源是极其珍贵的文化遗产,是革命传统教育不可替代的教材,为江苏红色旅游的全面发展提供了优越的条件。

(2) 江苏红色旅游游线设计

在全国30条红色旅游精品线路中,江苏的红色旅游精品线有以下2条。

路线1:南京→镇江→句容→常熟线。主要红色旅游景点有:南京市梅园新村纪念馆,雨花台烈士陵园,侵华日军南京大屠杀遇难同胞纪念馆,渡江胜利纪念馆;镇江市句容茅山新四军纪念地;常熟市沙家浜旅游区。

路线2:泰州→盐城→淮安→徐州线。主要红色旅游景点有:泰州市泰兴市黄桥战役纪念馆,白马庙;盐城市新四军重建纪念馆;淮安市周恩来纪念馆和故居,黄花塘新四军军部旧址,新安旅行团革命历史陈列馆;徐州市淮海战役纪念馆。

此外,在2020年的长三角文化和旅游联盟联席会议中,江苏省重点推出了"周恩来故里"景区,该景区位于全国历史文化名城淮安市,为国家5A级旅游景区。主要参观景区包括周恩来纪念馆、周恩来故居、驸马巷、河下古镇,总占地3.15平方公里,历史、人文内涵厚重。淮安周恩来故居是周恩来12岁以前生活过的地方,1910年春,周恩来随伯父离家去东北求学,此后便再也没有回过家乡。驸马巷是淮安镇淮楼西北隅约三百多米处的一条小巷,周恩来故居就坐落在这条巷内。河下古镇坐落于淮安市淮安区河下街道境内,位于淮安区西北边陲,古镇形于春秋末期,明清两代这里曾出过67名进士、123名举人、12名翰林,素有"三鼎甲齐全"之称。

5. 安徽红色旅游资源赏析与游线设计

(1) 安徽红色旅游资源赏析

安徽是中国革命历史上重要的根据地,为新中国的建设做出了巨大贡献。安徽的红色旅游资源十分丰富，红色旅游景区众多，主要有淮南市大通万人坑教育馆、合肥市渡江战役纪念馆、金寨县革命烈士陵园、芜湖王稼祥纪念园、岳西县大别山烈士陵园和黄山市红军北上抗日先遣队纪念馆等。安徽红色旅游资源主题鲜明，与新四军文化、红军文化、渡江战役和淮海战役等有关的资源特色十分突出，不仅具有很高的观赏价值，而且还具有一定的教育意义，是爱国主义教育的重要载体。安徽省的红色旅游资源与绿色旅游资源、古色旅游资源结合良好。例如，安徽黄山、宣城的新四军红色文化与皖南的青山绿水、徽州人文交相辉映。安徽很多红色旅游资源周边都拥有优美的自然风光与浓厚的历史人文沉淀。安徽旅游资源的综合型分布为红色旅游产品的保护与开发提供了有利的条件与发展的机会。

（2）安徽红色旅游游线设计

安徽推出了7条重点红色旅游精品路线。

路线1："两个重要的地"（中国革命的重要策源地、人民军队的重要发源地）之旅线路。以金寨县旅游系列景点为重点，主要包含：六安市皖西烈士陵园、金寨县革命烈士陵园（含革命博物馆，也称红军广场）、金寨县红二十八军重建旧址、汤家汇红色旅游小镇（含金刚台景区）。

路线2：大别山旅游扶贫快速通道路线。主要包含：六安市金寨县红二十五军军政旧址、金寨县立夏节起义旧址、斑竹园朱家祠革命旧址、吴家店革命遗址、刘邓大军指挥部旧址（天堂寨景区内）、裕安区独山革命旧址群、苏家埠战役纪念园、许继慎纪念园、霍山县诸佛庵革命遗址、西镇暴动纪念馆、佛子岭水库、安徽红色区域中心纪念园（霍山县烈士陵园）、金安区张家店战役纪念馆、毛坦厂镇、舒城县新四军四支队纪念馆。

路线3：芜湖→泾县→旌德→绩溪→黄山线。主要包含：芜湖市烈士陵园、镜湖区王稼祥纪念园、繁昌县新四军三支队司令部旧址、繁昌县荻港板子矶渡江战役第一登陆点纪念碑、无为县新四军七师纪念馆，泾县新四军军部旧址及皖南事变烈士陵园、王稼祥故居，旌德江村，绩溪县龙川、许家朋纪念碑园，黄山市徽州区岩寺新四军军部旧址、黄山区红军北上抗日先遣队纪念馆、黟县皖南苏维埃政府及柯村暴动旧址、休宁县石屋坑皖浙赣省委旧址、屯溪区杨业功纪念馆。

路线4：黄山→婺源→上饶→弋阳→武夷山线。京福高铁全线贯通，该线路有红军北上抗日遗迹和八省游击健儿汇集成军的足迹，更有6处世界自然与文化遗产，是最美的红色旅游线路。省内主要包含：黄山市徽州区岩寺新四军军部旧址、黄山区红军北上抗日先遣队纪念馆、黟县皖南苏维埃政府及柯村暴动旧址、休宁县石屋坑皖浙赣省委旧址、屯溪区杨业功纪念馆。

路线5："东进序曲，决战淮海"和"农村改革第一村"的主题红色旅游线路。以亳州、宿州、淮北、蚌埠、滁州市旅游系列景点为重点，形成安徽省鲁苏皖红色旅游区，注重与休闲旅游的结合，加强与华东红色旅游线路的对接。主要包含：亳州市涡阳县新四军四师纪念馆、宿州市泗县皖东北革命历史纪念馆暨江上青烈士殉难地、萧县蔡洼淮海战役总前委旧址暨华东野战军指挥部旧址、淮北市濉溪县双堆集烈士陵园、淮北市总前委旧址文昌宫纪念馆、蚌埠市渡江战役总前委孙家圩子旧址、滁州市定远县藕塘烈士陵园及中原局旧址、来安县新四军二师师部旧址、天长市龙岗抗大分校纪念馆、凤阳县小岗村。

路线6：突出"百万雄师，革命先驱"的主体形象红色旅游线路（安庆→铜陵→池州→蚌埠→合肥→芜湖→马鞍山）。以安庆、铜陵、池州、蚌埠、合肥、芜湖、马鞍山市旅游系列景点为重点，形成皖中腹地红色旅游区，依托黄金水道和合肥中心城市，形成带状和放射状的红色旅游线路。主要包含：安庆市革命文物陈列馆、大观区独秀园景区、岳西县红二十八军军政旧址、岳西县红二十八军鄂豫皖边区国共和谈旧址、太湖县刘家畈刘邓大军高干会议旧址、芜湖市镜湖区王稼祥纪念园、宜秀区"两弹元勋"邓稼先故居、蚌埠市渡江战役总前委孙家圩子旧址、合肥肥东县渡江战役纪念馆、包河区滨湖渡江战役纪念馆、池州市东至县香山景区、铜陵市义安区笠帽山景区、繁昌县荻港板子矶渡江战役第一登陆点纪念碑、马鞍山市和县西梁山景区。

路线7：渡江战役遗址公园红色旅游线路（望江县烈士陵园→香山景区→笠帽山景区→渡江战役第一登陆点纪念碑→西梁山景区）。主要包含：安庆市望江县烈士陵园，池州市东至县香山景区、铜陵市义安区笠帽山景区、芜湖市繁昌县荻港板子矶渡江战役第一登陆点纪念碑、马鞍山市和县西梁山景区。

除以上红色旅游经典景区外，以下景点和场馆能体现出安徽省城市规划建设和科技进步成果，也可作为新时代红色旅游的重要资源，即安徽博物院→中国科学院合肥物质科学研究院→安徽省科学技术馆→马鞍山市城乡规划展示馆→泾县中国宣纸博物馆。该条线路是新时期安徽进步发展主题游线。安徽博物院现为一院两馆运行模式。老馆2013年入选第七批全国重点文物保护单位，常设展览有"安徽革命史陈列""安徽古生物陈列""安徽好人馆"等。新馆常设展览有"安徽文明史陈列""徽州古建筑""安徽文房四宝""江淮撷珍""欧豪年美术馆"等专题。中国科学院合肥物质科学研究院（以下简称合肥研究院）是中国科学院在安徽设立的一个综合性科研基地和人才培养基地，也是中国主要的核聚变研究基地之一，是世界实验室在我国设立的核聚变研究中心；安徽省科学技术馆是大型公益性科普教育场所；马鞍山城乡规划展示馆遵循"历史—现代—未来"的时间线索，以城市为载体，深入浅出地展现了马鞍山城市规划发展的脚步，堪称我国江东地区规划展示馆的典范之作；中国宣纸博物馆以"发掘宣纸文化内涵，传承宣纸制作技艺，传播宣纸传统文化，展示宣纸艺术风采"为主题，以徽文化与纸元素的结合为基础，充分运用实物、录像、模型、图片、史料和辅助陈列等多种形式系统展示宣纸的历史渊源、生产工艺及宣纸文化，突出宣纸的悠久历史和浓郁的传统宣纸文化地域特色。

6. 江西红色旅游资源赏析与游线设计

（1）江西红色旅游资源赏析

江西红色旅游资源丰富，具体体现在以下几个方面。

①红色旅游资源种类齐全、数量众多。江西是中国革命发生和发展的重要所在地，截至2011年，属于红色旅游资源革命保护单位就有9处，远远高于全国平均水平，占到全国总量的37.5%。

②红色旅游资源品位较高、保存完整。江西11个地市都是重要革命地区，在全国乃至世界范围内留下许多知名度很高的红色旅游资源，且大部分红色资源保存完好。

③红色旅游资源分布广泛、集中突出。江西红色旅游资源分布广泛，红色旅游资源相对集中，留下了土地革命时期中国共产党领导在江西的革命斗争活动。

④各类旅游资源交相辉映、相互融合。江西除了红色旅游资源丰富外，绿色旅游资源和古色旅游资源也多姿多彩，与江西红色旅游资源组合一起，构成了江西旅游市场的巨大潜力。

江西丰富的红色旅游资源大致分为以下5类。

①伟人故里。此类型的资源主要有高安市毛泽东旧居、井冈山市大井朱德旧居、新建区邓小平旧居（含劳动车间）等。伟人故里是江西红色旅游的重要组成部分。游客们可以通过参观伟人故居、阅览有关伟人的历史资料，了解相应时期的历史时间和伟人们波澜的一生。

②革命历史事件旧址。此类型红色旅游资源主要有闽浙赣省委机关旧址、秋收起义纪念地、新四军军部旧址、中共苏区中央局旧址等。这些革命历史事件旧址展示着光荣革命传统和革命精神。在如今浮躁和价值观多元化的现代社会，这些革命传统和革命精神无疑就是人们内心的清心剂和方向标。

③重大事件和历史人物纪念馆。此类型的红色旅游资源主要有南昌八一起义纪念馆、井冈山宁冈革命纪念馆、瑞金中央革命根据地纪念馆、秋收起义纪念地等。这一座座纪念馆、博物馆和陈列馆就如同一本本生动而全面的教科书，里面蕴含着珍贵的革命历史和革命传统回忆。它们作为红色旅游资源，能激发大众的爱国热情、民族自尊心，是对大众进行情操陶冶的重要场所。

④烈士墓碑和陵园。此类型的红色资源主要有兴国革命历史纪念地纪念馆、上饶集中营革命烈士陵园、方志敏革命烈士墓、文天祥墓等。参观烈士墓碑和陵园是爱国主义教育的主要途径，具有主要的现实意义和历史价值。充分挖掘此类资源的深层价值，将其打造成为多功能旅游产品，潜力巨大，意义深远。

⑤红色革命精神。从红色旅游资源的概念界定中，我们可知红色旅游资源不仅指肉眼可见的历史遗迹、革命纪念馆、名人故里等实物景观，而且还包含着承载在它们身上的红色革命精神。江西这一革命老区累积了许多革命精神财富。其中，最具代表性的即井冈山精神，其内涵为"坚定信念、艰苦奋斗、实事求是、敢闯新路、依靠群众、勇于胜利"。中国几代领导人都非常重视井冈山精神的发扬，对井冈山精神都有着深厚的情怀。20世纪50年代初，毛主席在井冈山，为老区人民题词"发扬革命传统，争取更大光荣"；20世纪70年代初，邓小平来井冈山，告诫人们发扬井冈山精神；20世纪80年代末，江泽民视察江西，指出改革开放和建设特色社会主义，井冈山精神作用重大。

（2）江西红色旅游游线设计

江西推出了2条红色旅游精品线路。

线路1：瑞金→于都→井冈山。该线路包含瑞金共和国摇篮景区、中央长征出发地纪念园、黄洋界、龙潭景区、大井毛泽东旧居、井冈山革命博物馆。

线路2：瑞金→会昌→石城→南昌。该线路包含粤赣省委旧址、汉仙岩、通天寨景区、石城阻击战纪念馆、滕王阁、南昌八一起义纪念馆。

此外，在江西省文化和旅游厅主办的"不忘来时路，魅力江西行"——2019江西红色文化旅游推广季活动上推出了"八一起义"之旅等6条江西红色精品旅游线路。

线路1："八一起义"之旅精品旅游线，线路中包括南昌八一起义纪念馆→江西省革命烈士纪念堂→抚州→宜黄→广昌。

线路2："秋收起义"之旅精品旅游线，线路中包括修水秋收起义纪念地→铜鼓秋收起义纪念地→萍乡秋收起义广场→莲花一支枪纪念馆。

线路3："井冈摇篮"之旅精品旅游线，线路中包括永新三湾改编旧址→吉安井冈山→遂川→青原区东固。

线路4："共和国摇篮"之旅精品旅游线，线路中包括广昌→石城→瑞金→会昌→寻乌。

线路5："长征出发地"之旅精品旅游线，线路中包括瑞金→于都中央红军长征出发地纪念园→赣县区→信丰。

线路6："赣东北根据地"之旅精品旅游线，线路中包括乐平中共赣东北特委旧

址→方志敏旧居→横峰葛源→上饶集中营→玉山中国工农红军北上抗日先遣队纪念馆。

新时代的江西牢记历史、砥砺前行，可依托有影响力的重大历史事件和新时代社会主义建设伟大精神，推出江西人文历史旅游线路：江西省博物馆→江西省地质博物馆→八一广场→余江血防纪念馆→景德镇市中国陶瓷文化展示基地。江西省博物馆将历史、自然、革命三个博物馆结合在一起，是国内一流的大型综合性博物馆；江西省地质博物馆以现代化高科技手段，展示了赣鄱大地地质变迁的历史、丰富的矿产资源、优美的地质环境，突出了江西地质工作者数十年辛勤工作所取得的辉煌成就；八一广场是一座集纪念性、标志性、群众性、休闲性为一体的城市综合性广场，充分展示花园城市英雄城南昌的新风貌；余江血防博物馆展示了余江人民在中国共产党的领导下，克服重重困难，消灭血吸虫病、巩固血防成果的完整过程；景德镇市中国陶瓷文化展示基地整合御窑博物馆、景德镇陶瓷馆、景德镇陶瓷民俗博物馆、古窑瓷厂4处特色陶瓷文化资源，通过创新展示手段、完善基础设施、充实教育资源等方式打造而成，展示和弘扬了人类共同的精神财富，彰显了陶瓷文化在中华民族发展过程中的特殊地位。

7. 山东红色旅游资源赏析与游线设计

（1）山东红色旅游资源赏析

山东有着悠久的、光荣的革命传统，自"五四"爱国运动以来，山东的王尽美等首先接受了马克思列宁主义，成为山东最早的共产主义者。在第一、二次国内革命战争时期，山东人民先后在博兴、益都、阳谷、日照、沂水、龙须崮、胶东等地通过武装暴动的形式，反对新旧军阀和帝国主义。

山东红色旅游资源有以下几个特点：纵观山东的革命纪念地、革命起义、革命战争等旅游资源的赋存时间主要集中体现在抗战时期和解放战争时期；山东红色旅游资源体现的奉献精神最突出，其中最具突出色彩的就是支前文化。山东人民的踊跃支前突出体现了山东人民的革命奉献精神，这是山东红色旅游资源革命文化的一个内核；百姓英雄文化特点突出。山东不是中国共产党的发祥地，也不是红色根据地的发祥地，所以没有领袖文化、伟人故居，也没有划时代的会议旧址，但在山东发生的几次战役却在中国共产党的历史上具有划时代的意义，有抵抗日军的台儿庄战役、鲁西南战役、粉碎国民党对山东解放区的进攻、刘邓大军开辟大别山根据地、华东野战军攻克济南、淮海战役第一枪。山东人民创造性地建立平原游击根据地、创造抗日沟网、发明地雷战和地道战，这是山东人民创新精神的体现，也是山东红色旅游资源所体现的又一文化特点。

（2）山东红色旅游游线设计

山东推出了10条红色旅游精品线路。

好客山东红色游：济南→泰安→济宁→青岛→烟台→威海。线路内容：济南革命烈士陵园、济南解放阁、泰安徂徕山、济宁铁道游击队红色旅游景区、鲁西南战役纪念馆、青岛中国人民解放军海军博物馆、烟台海阳地雷战纪念馆、胶东革命烈士陵园、杨子荣纪念馆、威海刘公岛、甲午海战纪念地。

新时代"山水圣人"红色游：济宁→临沂→潍坊→威海。线路内容：济宁鲁西南战役纪念馆、铁道游击队红色旅游景区、临沂华东革命烈士陵园、蒙阴孟良崮旅游区、莒南县山东省政府暨八路军115师司令部旧址、河东区华东野战军总部旧址暨新四军军部旧址纪念馆、沂南县红嫂家乡旅游区暨沂蒙红色影视基地、沂蒙山根据地旅游区、潍县乐道院暨西方侨民集中营遗址、王尽美纪念馆和烈士故居、刘公岛甲午海战纪念地。

山东红色海滨游：日照→青岛→烟台→威海。线路内容：日照市抗日战争纪念馆、李崮寨"公字沟"、安东卫保卫战遗址公园、青岛中国人民解放军海军博物馆、烟台海阳地雷战纪念馆、胶东革命烈士陵园、杨子荣纪念馆、刘公岛甲午海战纪念地。

冀鲁豫边区红色游：东营→滨州→德州→聊城→菏泽。线路内容：红色刘集旅游景区、渤海垦区革命纪念馆、渤海革命老区纪念园、冀鲁边区革命纪念园、孔繁森同志纪念馆、鲁西南战役指挥部旧址、冀鲁豫边区革命纪念馆。

苏鲁红色游：江苏徐州→枣庄。线路内容：徐州淮海战役烈士纪念塔园林、淮海战役纪念馆、徐州国防馆、碾庄战斗纪念馆、运河支队抗日纪念馆、徐海道署、吴亚鲁旧居、郭乐山旧居、"小萝卜头"纪念馆、双拥碑，枣庄铁道游击队纪念园、台儿庄大战纪念馆、台儿庄古城、八路军抱犊崮115师纪念园、滕州微山湖湿地红荷景区。

铁道飞虎传奇之旅：枣庄→济宁。线路内容：枣庄铁道游击队纪念园、滕州微山湖湿地红荷景区、济宁微山湖铁道游击队纪念园等。

微山湖红色之旅：枣庄→济宁。线路内容：铁道游击队纪念园、沟南大槐树、微山湖党性教育基地、微山湖湿地公园、湖上秘密交通线、微山湖英烈纪念园。

鲁南红色游：枣庄→临沂。线路内容：枣庄铁道游击队纪念园、台儿庄大战纪念馆、台儿庄古城、八路军抱犊崮115师纪念园、滕州微山湖湿地红荷景区、临沂蒙阴县孟良崮战役纪念地、沂南县红嫂家乡旅游区暨沂蒙红色影视基地、沂水县沂蒙山根据地旅游区等。

除了以上8条线路外，"红色记忆，齐鲁风采"线路和"遇见整个世界"线路向人们讲述了山东革命历史，带人们了解那段刻骨铭心的历史记忆，缅怀革命先烈所做出的贡献，弘扬民族传统文化，宣传爱国主义，向世界各地人民展示新时代齐鲁文化的风采。

"红色记忆,齐鲁风采"线路以山东省博物馆→济南轨道交通装备有限责任公司厂史馆→中共山东省党史陈列馆→泰安市东平县戴村坝→滕州国防教育基地为核心。山东省博物馆充分发挥自身优势,积极投身社会主义精神文明建设,展示齐鲁文化风采;济南轨道交通装备有限责任公司厂史馆为研究中国铁路和济南市近现代工业百年发展历史,提供了极具参考价值的平台和载体;中共山东省党史陈列馆通过展出照片及实物,生动再现了中国共产党早期组织的发展、壮大及80多年来中共山东地方组织的建立、发展状况和党率领人民群众进行革命斗争、社会主义建设和改革开放的历史征程,在"十一运"期间承担接待国内外重要来宾的任务;戴村坝是京杭大运河沿线重要水利枢纽、国家水情教育基地,是京杭大运河重要的水工文化博物馆;滕州国防科技教育基地以展示鲁南人民英雄业绩和我国兵器科技发展成就为重点,极具震撼力。

"遇见整个世界"线路(青岛国际会议中心→青岛奥林匹克帆船中心→青岛啤酒博物馆→青岛世界园艺博览园→张裕酒文化博物馆)更是能让到访游客在一城之中感受万国风情。青岛国际会议中心是上合青岛峰会的主场馆,体现大国外交风采;青岛奥林匹克帆船中心是2008年北京奥运会和第13届残奥会帆船比赛的举办地,被誉为"亚洲最好的奥运场馆";青岛啤酒博物馆是国内唯一一的啤酒博物馆,生动展示了中国啤酒工业及青岛啤酒的发展史;青岛世界园艺博览园曾荣获世界设计建造金奖、AIPH(世界园艺生产者协会)颁发的国际花园旅游奖年度最佳展会奖等重量级奖项,100个国内外特色精品展园凝练了世界各地园艺文化精粹;张裕酒文化博物馆是中国第一家世界级葡萄酒专业博物馆。它以张裕110多年的历史为主线,通过大量文物、实物、老照片、名家墨宝等,运用高科技的表现手法向人们讲述以张裕为代表的中国民族工业发展史,讲述酒文化知识。

8. 福建红色旅游资源赏析与游线设计

(1)福建红色旅游资源赏析

福建省是全国重点革命老根据地之一。毛泽东、朱德、周恩来、刘少奇等老一辈无产阶级革命家都曾在福建省战斗、生活过,留下了许多革命遗迹。福建现有136个爱国主义教育基地。其中,闽西的新罗、上杭、长汀、永定、连城等地是革命老区、中央苏区的重要组成部分。闽西北的宁化、泰宁、建宁、清流和闽北的武夷山等地,曾留有毛泽东、朱德、周恩来等老一辈革命家的足迹。闽南的漳州、平和以及闽东的宁德、福安等地,也有不少颇具代表性的红色史迹。特别值得一提的是位于上杭县古田镇溪背村的古田会议会址,当年正是毛泽东同志在这里主持召开的红四军第九次代表大会,通过了具有历史意义的古田会议决议案,确立了党对军队绝对领导原则。作为红色旅游大省，福建的红色旅游区被国家列入"湘赣闽红色旅游区"，主题形象是"革命摇篮、领袖故里"。"赣州→瑞金→于都→会昌→长汀→上杭→古田"和"黄山→婺源→上饶→弋阳→武夷山"两条线路被列为精品线路；福州的省革命历史纪念馆、龙岩的红色旅游系列景区、三明的红色旅游系列景区、漳州的毛主席率领红军攻克漳州陈列馆、南平的赤石和大安红色旅游景区5个景点，被列入全国100个"红色旅游经典景区"。

（2）福建红色旅游游线设计

福建省推出了6条红色旅游精品线路。

线路1：长汀→连城→上杭→龙岩→漳州→厦门线，主要景点包括古田会议会址、廖氏宗祠、毛主席才溪乡调查纪念馆、福建省苏维埃政府旧址、汀州试院、瞿秋白烈士纪念馆、中共闽西第一次代表大会会址、文昌阁、毛主席率红军占领漳州纪念馆、谷文昌纪念馆、东山保卫战烈士陵园、郑成功纪念馆、厦门市革命烈士陵园等。

线路2：夷山→泰宁→建宁→宁化→清流→明溪→三明线，主要景点包括红色首府旧址、武夷山大安、闽北革命历史纪念馆、宁化北山革命纪念园、建宁毛主席旧居、永安吉山抗战文化遗址、尤溪县博物馆等。

线路3：福州→宁德→福安→（周宁→屏南→古田）霞浦→福鼎线，主要景点包括福建省革命历史纪念馆、长乐区南阳村中共福建省委旧址、屏南县棠口和双溪新四军驻地旧址、闽东革命纪念馆、张高谦烈士陵园、闽东革命苏区首府机关遗址等。

线路4：福州→莆田→泉州→厦门→漳州→平和→云霄→东山线，主要景点有林则徐纪念馆、福州文林山革命烈士陵园、福州辛亥革命纪念馆（林觉民、冰心故居）、闽中革命史纪念馆、南日岛烈士陵园、泉州革命烈士纪念碑、中共福建省委旧址、德化坂里、厦门市革命烈士陵园、东山保卫战烈士陵园、中国工农红军东路军攻克漳州纪念碑等。

线路5：福州→南平→三明→永安→连城→长汀→上杭→龙岩线，主要景点包括福建省革命历史纪念馆、长乐区南阳村中共福建省委旧址、上梅暴动陈列馆、永安吉山抗战文化遗址、福建苏区首府长汀革命历史陈列、上杭临江楼毛泽东旧居、龙岩后田暴动纪念馆等。

此外，福建省作为海上丝绸之路的核心区域，承担着对外交流和合作的重要功能。新中国成立以来，福建省围绕打造互联互通的重要枢纽、经贸合作的前沿平台、体制机制创新的先行区域、人文交流的重要纽带，在对外交流和社会发展等方面取得了瞩目成就。

线路6："向海之闽，红色之旅"。线路具体为福建省革命历史纪念馆→福州马尾船政文化遗址群→中国闽台缘博物馆→泉州海外交通史博物馆→厦门经济特区纪念馆。福建省革命历史纪念馆体现八闽儿女艰苦创业，孜孜探索，在中国共产党领导下进行革命、建设的光辉历程和美好前景；福州马尾船政文化遗址群以中国船政文化博物馆为中心，展现了近代中国科学技术、新式教育、工业制造、国防建设、西方经典文化翻译传播、东西方文化交流等方面的丰硕成果，形成独特的船政文化，是中国近代工业的重要发源地，被誉为"中国近代海军的摇篮"；中国闽台缘博物馆是一座反映中国大陆与宝岛台湾历史关系的国家级专题博物馆，集收藏、展示、研究、交流和服务等功能为一体，也是研究大陆与台湾关系史特别是闽台关系史的重要学术机构；泉州海外交通史博物馆是中国唯一海外交通史专题博物馆简称"海交馆"，其旧馆在开元寺内设有古船陈列馆，展示着一艘1974年后渚港出土、国内发现年代最早、体量最大的宋代海船及其大量伴随出土物，是中国自然科学史上最重要的发现之一；厦门经济特区纪念馆是为纪念改革开放30周年和厦门经济特区建设27周年而设立的历史专题纪念馆。

（四）华中区域

1. 华中区的红色旅游环境及特色资源解读

（1）华中区红色旅游环境

我国华中区包括河南、湖北、湖南三省。在全国12个重点红色旅游区中，涉及华中地区的有2个：以韶山、井冈山和瑞金为中心的"革命摇篮，领袖故里"湘赣闽红色旅游区；以鄂豫皖交界地域为中心的"千里跃进，将军故乡"大别山红色旅游区，湘赣闽是中国革命的摇篮。这里诞生了以毛泽东为代表的一大批中国共产党先进分子、中国革命的先锋。他们与来自中国其他地区的革命者、共产党人团结在中国共产党的旗帜下，组织中国工农武装、创建工农红军、发动武装起义、开辟中国农村革命根据地并与国民党反动派展开了艰苦卓绝、英勇顽强的斗争，取得了一个又一个的伟大胜利。在这块英雄的土地上，洒满了红军烈士的鲜血。1947年1月，为了粉碎国民党军的进攻，把战争引向国民党区域，在外线大量歼灭敌人，中央军委先后命令刘伯承、邓小平大军12万余人以跃进方式挺进大别山；陈赓、谢富治集团在豫西、陕南建立根据地；陈毅、粟裕率西线兵团，从鲁西南挺进豫皖苏边区。三路大军相互配合，实行无后方作战，共歼敌9万余人，调动和吸引了大量国民党军于自己的周围，配合陕北、山东战场粉碎了国民党重点进攻，成为人民解放军战略进攻的重要组成部分。

湖北省红色旅游环境大致可以分为三类：一是在中国革命历史上具有非常重要的影响，经过多年的开发，发展得比较成熟。目前已经形成红色旅游热点景区，如洪湖老区和红安老区。二是在中国革命历史上具有重大影响，景区具有接待条件，尤其是近两年来开展"保持党员先进性教育",使这些景区有了较大的接待量。三是中国历史上发生过很重要事件的红色纪念地。由于多方面的原因,历史遗迹荡然无存,基础设施欠账也很多,目前不具备接待能力。

湖南省高度重视红色旅游产业的发展,并提供了强有力的政策支持。2005年湖南旅游局就提出了以红色旅游为主轴,带动省内其他旅游产品开发,以其他旅游产品为后盾推动红色旅游发展,努力建设红色旅游精品体系,形成红色旅游配套交通体系、资源保护体系、宣传推广体系和产业运作体系,打造以韶山为代表的湖南红色旅游品牌的观点。此外,湖南省委、省政府多次召开专题会议讲座发布相关政策文件,制定红色旅游发展路线。

河南省地处中原,具有光荣的革命传统,拥有丰富的红色旅游资源。河南省曾为新中国的成立做出重要贡献,诞生了闻名全国的将军县;新中国成立后,又培育了影响深远、覆盖面广泛的焦裕禄精神和红旗渠精神。目前全省各级各类爱国主义教育基地共610多处,其中驻马店市确山县竹沟镇确山竹沟革命纪念馆、信阳市红色旅游系列景区(点)、南阳市叶家大庄桐柏英雄纪念馆、郑州市二七纪念堂等被国家发展和改革委员会、中共中央宣传部、原国家旅游局等13个部门列入100个全国红色旅游经典景区。另外,永城淮海战役陈官庄烈士陵园,杨靖宇将军、彭雪枫将军、吉鸿昌将军纪念馆等纪念圣地遍布全省、闻名遐迩,已成为河南省爱国主义教育、思想道德建设和思想政治教育的重要基地。

(2)华中区红色旅游特色资源

湖北经历了中国红色革命各个阶段,从中共建党、大革命、土地革命、抗日战争、再到解放战争。1921年7月,中国共产党的诞生成为红色革命的起点,而湖北是中国共产党的重要发祥地之一,武汉是国内组建中国共产党早期组织的6个省市之一。随后6年的工农群众运动,湖北发挥了重要影响。在武昌成立的中央农民运动讲习所为全国各地培养了800余名学员,将革命火种播向全国。抗战初期,湖北成为全国抗日救亡运动的中心,是新四军的诞生地,也是鄂豫皖抗日根据地和新四军第五师活动的主要地区。全面内战爆发时,湖北又成为解放战争的重要战略要地,刘邓大军千里跃进大别山,鏖战于此。

中国共产党在湖南及其周边数省边区领导发动了秋收、湘南、桑植、平江四大起义,领导创建了井冈山、湘赣、湘鄂赣、湘鄂西、湘鄂川黔等革命根据地,这些革命活动和重大历史事件都是湖南特有的红色旅游资源。

河南省红色旅游资源主要是指中国共产党自成立至今在河南所参与和领导的各种为解放中华民族建立和发展社会主义新中国所进行的所有活动中,形成的革命战争遗

址、纪念地和红色风情等。其中邓颖超故里、杨靖宇将军故里、许世友将军故里、彭雪枫将军纪念馆、吉鸿昌将军纪念馆等伟人故里和纪念馆都是河南特有的红色旅游资源。此外，农民革命起义旧址、边区苏维埃政府旧址、工农红军旧址、中共中央派出机构和有关活动旧址也是河南特有的红色旅游资源。

2. 湖北红色旅游资源赏析与游线设计

（1）湖北红色旅游资源赏析

在中国的革命历史上，湖北省既是重要的活动区域，又是革命中心区域之一，为波澜壮阔的中国红色革命篇章添上了浓墨重彩的一笔。这些革命活动在湖北留下了丰富的遗迹，成为比较有影响力和知名度的红色旅游资源。经战火洗礼的红色文化，为湖北留下了丰富的物质文化遗产。在国务院公布的6批全国重点文物保护单位中，在130多处属于红色文物单位中湖北有13处，约占10%；在国务院公布的4批共110处全国重点烈士纪念建筑物保护单位中，湖北有7处，占6.4%；在中宣部公布的3批全国爱国主义教育示范基地中，属红色基地的有170多个，湖北有9处，占5.3%。国家发改委、原国家旅游局等13个部门指定的《2004—2010年全国红色旅游发展规划纲要》中，12个全国重点红色旅游区里湖北有1个；30条全国红色旅游精品线路，穿过湖北境内的有2条。

（2）湖北红色旅游游线设计

在全国30条红色旅游精品线路中，穿过湖北境内的有2条。

线路1：武汉→麻城→红安→新县→信阳线，主要红色旅游景点：武汉市汉口八七会议会址纪念馆，武昌区毛泽东旧居及中央农民运动讲习所旧址纪念馆，施洋烈士陵园，向警予烈士陵园；黄冈市麻城市烈士陵园，红安县黄麻起义和鄂豫皖苏区革命烈士陵园；信阳市新县鄂豫皖苏区首府革命博物馆、鄂豫皖苏区革命烈士陵园、首府路和航空路革命旧址、将军故里、金刚台红军洞群、罗山县红二十五军长征出发地。

线路2：张家界→桑植→永顺→吉首→铜仁线，主要红色旅游景点：张家界市桑植县贺龙故居和纪念馆、湘西自治州永顺县湘鄂川黔革命根据地旧址、恩施自治州鹤峰县满山红纪念园、铜仁市周逸群故居。

此外，湖北省还推出了4条红色旅游精品线路。

武汉→咸宁线。主要红色旅游景点：武汉市江夏区中山舰博物馆、八路军武汉办事处旧址纪念馆、武汉市黄陂区姚家山红色旅游区（新四军第五师师部旧址）、咸宁市通城县天岳关抗战遗址群。

随州→襄阳线。主要红色景点：随州市曾都区新四军第五师旧址群、襄阳市宜城市张自忠纪念馆、襄阳市老河口市李宗仁纪念馆。

荆州→宜昌→恩施线。主要红色景点：荆州市湘鄂西红色旅游系列景区、宜昌大撤退纪念园、宜昌市石牌要塞旅游区、恩施州鹤峰县满山红纪念园。

孝感→黄冈线。主要红色旅游景点：孝感市大悟县鄂豫边区革命烈士陵园、黄冈市红安县鄂豫皖苏区革命烈士纪念园、黄冈市麻城市革命烈士陵园。

此外，湖北还重点围绕传承红色基因，融合现代化建设成果建设形成两条新时代红色旅游线路。

湖北省博物馆→武汉革命博物馆→武钢博物馆→长江文明馆→三峡水电站。湖北省博物馆作为"湖北客厅"，展现大国文明风范、历史和文明。武汉革命博物馆是征集、收藏、保护、研究武汉地区近现代文物、革命文物、党史文物和展示大革命史、中共党史及重大历史事件的综合性博物馆，更是大革命史和武汉地区党史的研究中心，现已成为传播红色文化、传承红色基因、开展爱国主义教育的重要阵地；武钢博物馆是中国首家钢铁博物馆，展示了我国冶金史、武钢发展史，具有重要的科普教育意义；长江文明馆是在中华民族伟大复兴的背景下，体现国家担当与文化使命感的国家级文明博览馆，也是一座以人为本、立足长江、面向世界、面向未来的世界文化经济交流平台；三峡水电站是世界上规模最大的水电站，也是中国有史以来建设最大型的工程项目。

黄石国家矿山公园→中国乒乓球队黄石训练基地→空降兵军史馆。黄石国家矿山公园黄石国家矿山公园拥有亚洲最大的硬岩复垦基地，是中国首座国家矿山公园，是湖北省继三峡大坝之后第二家"全国工业旅游示范点"；中国乒乓球队黄石训练基地为中国乒乓球事业做出了巨大贡献，被誉为"世界冠军的摇篮""中国乒乓球队之家"；空降兵军史馆馆藏文物1万余件、历史照片10万余幅，传播着国防观念、拥军意识等红色精神。

3. 湖南红色旅游资源赏析与游线设计

（1）湖南红色旅游资源赏析

湖南红色旅游资源有以下三个特征。

第一，资源丰富，分布广泛。湖南红色旅游资源数量大，种类多，保存状况较好，可开发潜力大。湖南历史名人荟萃，名人故居和纪念馆数量众多，占了红色旅游资源的绝大多数。其他类型的红色资源如重要会议旧址、重要办公机构旧址、战争和重大事件发生地、革命烈士陵园、纪念馆和博物馆等也别具特色，占据一席之地。其次在空间分布上，湖南红色旅游资源多集中分布在省内东部、中部和西部地区。在时间维度上跨越了从民主主义革命时期到社会主义建设时期，不同历史时期的红色资源各有其不同特征。

第二，品质优良，底蕴丰厚。国家重点打造的 30 条"红色旅游精品线路"中有 4 条从湖南省境内通过，湖南有许多经典景区被当作全国红色旅游发展的标杆和榜样，尤以毛泽东、彭德怀、刘少奇"三大伟人"故居所组成的伟人故里"红三角"红色旅游经典景区在全国范围内享有盛名，具有极高的地位。

第三，组合良好，互补性强。湖南许多红色旅游景点周围还散布有其他类型的旅游资源，红色旅游资源与自然旅游资源、历史人文旅游资源、民俗风情旅游资源之间互相融合，交相辉映，形成了叠加优势，加强了景区的内在凝聚力和外在吸引力。例如，长沙地区既有湖南第一师范旧址、新民学会旧址等红色遗址，也有岳麓书院、岳麓山风景区、天心阁、橘子洲头等优质的自然、人文旅游资源；张家界市既有贺龙故居和纪念馆、红二方面军长征出发地旧址，又有被列入世界自然遗产名录的武陵源风景名胜区。这种内容丰富、组合多样的旅游方式提高了不同旅游资源之间的互补性，可以增强游客的体验感受，便利游客进行游览，同时也方便了景区进行管理规划，优化了不同景区资源的开发布局，有利于提高景区多类旅游资源的整体开发水平，从而扩大客源市场，提高竞争力。

（2）湖南红色旅游游线设计

湖南省结合中国共产党领导人民进行斗争的不同抗战胜利成果阶段，打造 4 条湖南省红色旅游精品线路。

线路 1：共产党初创线。记录了成立新民学会以及成立中共湖南党支部两次革命事件，线路上主导红色资源为红三角三处伟人故居，结合沪昆高速铁路，通过主导红色资源的带动作用，发展长沙和湘潭地区其他高品质红色旅游资源。串联岳麓山、新民学会旧址、开慧故居、任弼时故居等作为辅助资源，扩大"红三角"线路的影响力。

线路 2：工农运动线。以秋收起义为活动起点，包含在岳阳、郴州和株洲发生的平江起义、湘南起义、成立中国革命红色政权等重大革命历史事件，打造以浏阳、炎陵和宜章三地为核心区域的大湘南土地革命红色精品线路：胡耀邦故居→秋收起义纪念馆→平江起义旧址→炎陵红军标语博物馆→年关暴动起义旧址群。

线路 3：重走长征路。红二方面军在湖南境内的长征线路主要经过桑植、武陵源、龙山、通道等地，在通道县确立的通道转兵策略，为共产党顺利长征打下了良好的基础。因此，湖南省重走长征路主要涉及了张家界、湘西州、怀化等地，通过串联湘鄂川黔、湘鄂西革命根据地、红二方面军长征出发地和通道转兵纪念馆四处主导红色资源，结合张吉怀地区武陵源、凤凰、老司城等自然和人文景观，打造极具民族特色的重走长征路精品线路。

线路 4：抗战胜利线。抗日战争的胜利给全世界人民以精神的振奋，抗战受降地位于湖南省的芷江县，这也是湖南做好抗战胜利精品线路的先机。抗战胜利的相关红色资源多为纪念馆和革命遗址，历史文化价值非常高，因此，针对该部分红色资源的开发而言，建议开发以观光、游览为主的爱国主义教育目的地，通过运用现代科技手段重现抗战情景，增加游客的参与和体验性。该线路主要串联芷江受降馆→贺龙故居→飞虎队纪念馆→雪峰山纪念馆。

除以上4条线路之外，可打造融合历史红色基因和特色社会主义红色文化的新时代思想与文化建设线路。其中以湖南省博物馆→湖南日报报史馆→湖南党史陈列馆→中国湘绣博物馆→中国常德诗墙→韶山红太阳广场为核心的新时代湖南思想与文化建设游线最为突出。湖南省博物馆以保护、传承优秀历史文化为己任，集文物征集、收藏、研究、展示、教育、服务于一身，吸引了成千上万游客前来参观，是代表中华区域文明的国家级重点博物馆，是人们了解湖湘文明进程、领略湖湘文化奥秘的重要窗口；湖南日报报史馆忠实记录了那些激情燃烧的岁月，是目前省内唯一一家报史馆；湖南党史陈列馆是全国范围内首批规模最大、规格最高、资料最丰富的以省命名的党史专题展馆；中国湘绣博物馆生动再现了湘绣工艺的演变和先辈艺人精湛的力作，让世人在欣赏当代精美绝伦的湘绣作品中更加了解湘绣的发展历程，认识湘绣的艺术魅力和无限风采；中国常德诗墙以"最长的诗书画刻艺术墙"跻身世界基尼斯之最纪录，成为"中国人居环境范例奖"湖南省首个获得者，是"史的回顾，理的启迪，美的享受"，是对中华文化的继承、发展、弘扬、创新。韶山红太阳广场是韶山市最大的城市中心广场，与韶山毛泽东文艺馆、毛泽东青年塑像公园、烈士陵园连成整体，成为红色旅游发展的新亮点。

4. 河南红色旅游资源赏析与游线设计

（1）河南红色旅游资源赏析

河南省红色旅游资源丰富，分布特点呈现为"南北两片、中间一线"的格局，南北两片分别是河南省的信阳、安阳，中间一线是洛阳、郑州、开封、商丘。截至目前，全省红色文化资源已有647处被命名为县级以上文物保护单位（其中全国重点文物保护单位12处，河南省文物保护单位70处，市县文物保护单位565处），有306处被命名为县级以上的爱国主义教育基地或爱国主义教育示范基地（其中全国爱国主义教育示范基地7处，河南省爱国主义教育示范基地23处，市县级爱国主义教育基地280处），有60处被河南省委高校工委、省教育厅确定为"河南省大中小学生德育基地"。

（2）河南红色旅游游线设计

河南省推出了4条红色旅游路线。

路线1：大别山红军长征游。该线路包括罗山县何家冲何氏祠（堂）→中共中央鄂豫皖分局旧址（红四方面军总部旧址）→鄂豫皖苏区革命烈士纪念馆→鄂豫皖苏区首府革命博物馆→许世友将军故里→郑维山将军故里→金刚台红军洞群→红色四望山→花山寨会议旧址→徐畈革命旧址群→王震旧居→方城独树镇七里岗→卢氏县官坡镇兰草村红二十五军军部旧址。

路线2：河南抗日战地游。该线路包括新密抗日民主政府旧址→巩义豫西先遣支队司令部旧址→八路军驻洛阳办事处纪念馆、豫西革命纪念馆、竹沟革命纪念馆→中原局旧址→革命烈士陵园→杨靖宇烈士纪念馆、扶沟县吉鸿昌将军故里、彭雪枫将军纪念馆。

路线3：豫东解放战争游。该线路包括石林会议旧址、清丰县单拐革命旧址→台前县刘邓大军渡黄河纪念馆、永城淮海战役陈官庄战斗遗址、刘邓大军渡淮纪念馆→王大湾会议旧址。

路线4：河南时代精神游。河南时代精神主要有焦裕禄精神、愚公移山精神、红旗渠精神。该线路包括焦裕禄纪念馆→焦桐→黄河东坝头→张庄村、王屋山→黛眉山地质博物馆→愚公村史馆→铁卷墙→千年道观阳台宫→道境广场、红旗渠纪念馆→总干渠分水闸→红旗渠"人工天河"→青年洞→太行行舟→西坡村。

（五）华南区域

1.华南区的红色旅游环境及特色资源解读

（1）华南区红色旅游环境

华南区包括广东省、广西壮族自治区、海南省。香港特别行政区、澳门特别行政区从地理区划上属于华南区，因其特殊性，与台湾省一起放在本章第（八）条进行讲解。在全国12个重点红色旅游区中，涉及华南地区的有1个：以百色地区为中心的"百色风雷，两江红旗"左右江红色旅游区。左右江是早期的革命根据地之一。1929年12月11日，邓小平、张云逸、韦拔群等发动百色起义，成立了右江苏维埃政权。1930年2月1日，广西警备第五大队和左江工农赤卫队在邓小平同志领导下，在左江地区龙州举行起义，成立了中共左江特别委员会和左江革命委员会。至此，左右江革命根据地连成一片。广东有着优良的革命斗争传统，著名的广州起义、海陆丰起义就发生在这里。海南琼崖革命根据地曾在中国共产党领导下，独立坚持20多年的武装斗争，对国民党军发动了数次大的攻势，对1950年解放海南岛也起了重要作用。左右江区域红色旅游资源关联性强、类型丰富、功能多样，属于特色红色旅游资源"荟萃区"。

广东有着丰富的红色旅游资源，但在资源开发上取得的成果并不突出，广东还没有将资源优势转化为品牌优势，比如，北京"共和国首都"的品牌，上海"一大会址"的品牌，江西"红都瑞金"和"井冈山烽火"的品牌，湖南"伟人故里"的品牌等。

到目前为止，广东仍没有具有全国影响力的、可以成为市场和旅游者们重要乃至唯一目的地的红色品牌。其次，广东红色旅游资源虽然多、文物价值和历史价值虽然高，但是开发结果却不太理想，大都没有跻身"国字号"，更加没有形成集群式发展趋势。最后，广东红色旅游产业化程度低，经济效益不明显。

广西科学合理地保护利用了大部分革命遗存、纪念场馆等。各级政府先后建成了革命博物馆、烈士纪念馆、烈士陵园、百色起义烈士纪念碑等一大批红色文化标志性建筑，局部修缮了邓颖超纪念馆、昆仑关战役旧址、八路军驻桂林办事处旧址、红七军和红八军会师地旧址等，也抢救性修复与保存了部分濒临倒塌的旧居旧址等重点文物；搜集整理、汇编出版了大量的文献资料与理论著作；部分地区的红色旅游经济价值得到了挖掘。《广西红色旅游发展"十三五"规划》指出，"十二五"以来，广西红色旅游全面发展，经济价值稳步开发利用，指明了未来五年旅游业的主打品牌是广西红色旅游，充分挖掘左右江革命老区的优势产业。但同时，广西红色旅游也存在一些问题：广西红色文化资源的生存环境有恶化态势，红色文化整体生态系统受到人为破坏的影响；管理体制不顺，权属不一；产业化发展缓慢；专业人才缺乏，价值发挥与可持续发展受制约。

与国内红色旅游蓬勃发展的态势相比，海南的红色文化旅游表现得严重滞后，与海南省绿色游、蓝色游的发展亦有不小差距。主要表现在三个方面：首先，开发运营的红色文化旅游资源数量明显不足，很多红色文化旅游资源尚未转化成旅游产品，已经纳入旅游产品的项目也未得到很好的落实，如列入全国"30条红色旅游精品线"的"海口→文昌→琼海→五指山线"，现在仍然是纸上谈兵的事情。其次，已有的红色文化旅游项目深度不够，很多红色文化旅游场所还停留在相对初级的阶段，当前主要是开展一些教育和纪念活动，缺乏游客参与、互动的深度体验游。最后，红色文化旅游资源的市场认同度不高，很多游客来海南旅游主要是奔着海南的蓝天、白云和沙滩，海南的红色文化旅游尚未形成叫得响的市场品牌。

（2）华南区红色旅游特色资源

近些年，广东高度重视对粤东西北地区红色旅游景区的开发建设，广东各地政府也加大了对红色旅游景区基础建设和投入力度。其中就有一些特色红色旅游资源，如毛泽东同志主办农民运动讲习所旧址，是毛泽东等人于1926年在广州举办的全国农民运动讲习所旧址，是第一次国内革命战争时期培养农民干部的学校；广州起义纪念馆，是纪念1927年12月11日中国共产党领导的广州起义而建立的苏维埃政府旧址；广州起义烈士陵园，以纪念1927年12月广州起义中英勇牺牲的烈士；梅县叶剑英元帅纪念馆；惠阳区叶挺纪念馆。

习近平总书记在广西百色革命老区考察调研时指出:"百色起义是一部伟大的革命史诗,创建左右江革命根据地,使其成为中国革命的六大苏区之一。"1929年,邓小平与张云逸、韦拔群、李明瑞等人率领起义部队举行南宁兵变、百色起义、龙州起义等,创建了左右江革命根据地,建立了各级苏维埃政权和工农武装队伍,成功开创了中国共产党在少数民族地区的革命斗争实践,推动了广西革命武装斗争乃至全国革命武装斗争的发展,在中国革命史上烙下浓墨重彩的一笔,也形成了广西红色旅游资源的特色资源。

海南红色旅游资源分三种类型:一是精神文化,如海南"23年红旗不倒";二是行为文化,如以海南红色娘子军为原型制作的芭蕾舞剧、影视剧等;三是物质文化,如五指山革命根据地纪念园等。整体上而言,海南物质红色文化旅游资源数量众多,红色精神文化旅游资源非常独特。被列入全国"红色旅游经典景区名录"的有:五指山革命根据地纪念园、海口琼崖红军云龙改编旧址、琼海市红色娘子军纪念园、定安县母瑞山革命根据地纪念园、六连岭革命烈士陵园、文昌长云逸将军纪念馆、临高角解放公园、海口解放海南岛战役烈士陵园等。同时,海南还有社会认知度不高的红色文化旅游资源。如陵水县苏维埃政府旧址,原为"琼山会馆",是琼山籍某陈姓商人募集设立的一座三进式砖木结构建筑物。1926年,陵水县农民运动训练所在此拉开了海南的红色序幕,其后一年,琼崖第一个县级苏维埃政权——陵水县苏维埃政府在此宣告成立。自此,海南的红色革命从陵水的星火之势逐步呈燎原之势。这些都形成了海南独特的红色旅游资源。

2. 广东红色旅游资源赏析与游线设计

(1) 广东红色旅游资源赏析

近代广东一直是中国反对外来侵略和封建帝制的前沿阵地,进入新民主主义革命时期后,还一度成为中国革命的中心。广州、中山、粤东、粤北等地,都曾在中国近现代历史上留下浓重的笔墨,其中,广州更被称为"中国近代革命的摇篮"。从三元里烽火,到黄花岗七十二烈士举起义旗,再到珠江两岸涌起改革春潮,百余年间,中华民族成千上万的优秀儿女在这片土地上演绎着惊天地泣鬼神的英雄事迹。因此,广东的红色旅游资源数不胜数。仅以广州为例,全市历史旧址和遗迹中,光全国重点文物保护单位就有广州苏维埃政府旧址、国民党"一大"会址、中华全国总工会旧址、省港罢工委员会旧址、广州农民运动讲习所旧址、黄埔军校、广州起义纪念馆、孙中山大元帅府纪念馆、十九路军淞沪抗日阵亡将士陵园、中山纪念堂等10余处,居全国城市前列,各类省、市、区级文物保护单位更是达上百处之多。

(2) 广东红色旅游游线设计

广东推出了 11 条红色旅游精品线路。

路线 1:"国共合作"红色游线。以"革命先驱,救亡图存"为主题特色,包括韶关北伐战争纪念馆,串联广州的中共三大会址纪念馆、中华全国总工会旧址、黄埔军校旧址纪念馆、广州农民运动讲习所、六二三路沙基惨案纪念碑及沙面岛、省港罢工委员会旧址纪念馆;韶关北伐战争纪念馆、北伐誓师大会遗址、粤北省委旧址暨历史陈列馆、韶关市董塘大革命烈士纪念碑等。

路线 2:"南粤星火路"(南昌起义部队挺进广东)红色游线。以"入粤鏖战,星火燎原"为主题特色,串联梅州市三河坝战役纪念园、叶剑英纪念园、起义军第二十军第三师司令部旧址、普宁市"八一"纪念馆、起义军汕头总指挥部旧址(大埔会馆)、汕头市七日红公园、海丰红宫红场旧址纪念馆、彭湃烈士故居、周恩来居址及周恩来渡海处纪念碑、红七军梅花战斗旧址等。

路线 3:原中央苏区县红色游线。以"苏区精神,代代相传"为主题特色,包括南雄梅关古道、闽粤赣边五兴龙县苏维埃政府及兵工厂旧址(湖子仓)、紫金苏区镇红色旅游区、阮啸仙烈士陵园、梅州市叶剑英纪念园、梅州市三河坝战役纪念园、平远红军纪念园、起义军第二十军第三师司令部旧址(潮州涵碧楼)、凤凰山革命纪念公园等。

路线 4:"中央红色交通线"红色游线。以"摧不垮打不掉的地下航线"为主题特色。串联中共中央至中央苏区秘密交通线汕头交通中站旧址、大埔县青溪中央苏区红色交通线、大埔中转站和秘密仓库、闽粤赣边区革命历史纪念馆、中央秘密交通线交通站旧址(潮州市区卫星二路交通旅社)、汕尾陆丰碣石玄武山红二师作战指挥部、陆丰金厢周恩来渡海处等。

路线 5:"粤北长征路"红色游线。以"入粤首捷,播撒星火"为主题特色,串联南粤雄关与古道、双峰寨旧址、中共粤北省委机关旧址(五里亭)、中共广东省委粤北省委机关旧址(红围)、中共翁源县委成立旧址(雁鹰石陈氏宗祠)、红军长征观音山战斗旧址、红军革命烈士纪念园(红军长征入粤第一仗遗址)等。

路线 6:"东纵抗战路"红色游线。以"重走东纵路,传承抗战精神"为主题特色,串联广东东江纵队纪念馆、东莞榴花抗日纪念亭、东江纵队司令部旧址、东江纵队纪念馆、东江抗日军政干部学校旧址、东纵司令部旧址、东江纵队纪念馆、惠东安墩粤赣湘边纵队纪念公园、深圳东纵北撤纪念亭、广州市从化区黄沙坑革命旧址纪念馆等。

路线 7:"广东省红色军事文化"红色游线。以"探访英雄足迹,传承红色基因"为主题特色,串联广州起义烈士陵园、广州公社旧址(广州起义纪念馆)、广东东江纵队纪念馆、叶挺将军纪念园、汕尾海丰黄羌林场红二师师部旧址、黄羌林场四十九团团部旧址、三河坝战役烈士纪念园、东江工农红军总指挥部和东江军事政治学校旧址（梅县区）、北江农军指挥部旧址、北伐战争纪念馆、叶挺独立团团部旧址纪念馆（阅江楼）等。

路线8："华侨华人爱国情怀"红色游线。以"侨乡风情，兼容并蓄"为主题特色，串联江门五邑华侨华人博物馆、台山市飞虎队纪念亭、开平市爱国侨领司徒美堂故居、恩平市中国航天第一人冯如故居、开平碉楼与村落、广东海上丝绸之路博物馆、广东恩平地热国家地质公园、汕头陈慈黉故居、广济桥、雁南飞茶田景区、客家公园（梅州市）等。

路线9："时代精神"红色游线。以"艰苦创业，时代先锋"为主题特色。串联湛江市博物馆、湛江市鹤地银湖旅游区、雷州青年运河水利工程、罗定长岗坡渡槽、韶关翁源坝仔下庄爱国主义教育基地（第一颗原子弹原料铀提炼基地）等。

路线10：广东改革开放成果红色游线。以"走进新时代，传颂春天的故事"为主题特色。串联大鹏古城博物馆、深圳招商局历史博物馆、深圳市博物馆（新馆）及莲花山公园、罗湖口岸、沙头角中英街、盐田区港口以及深圳十大建筑和珠海五大景观以及汕头六大地标。

除此之外，广东成为改革开放前沿阵地和引进西方经济、文化、科技的窗口，取得了骄人的成绩，可依托打造新时代建设成果红色游线。

线路11：广东新时代建设成果红色游线。广东省博物馆→广州雕塑公园→深圳园博园→深圳改革开放展览馆→港珠澳大桥。跨入21世纪，广东省博物馆规划新馆建设。作为广东省三大标志性文化设施之一，广东省博物馆新馆对于营造广州市的文化氛围、体现广州华南文化中心的地位、加强国际文化交流以及使广州成为现代化国际大都市都有非常重要的作用；广州雕塑公园内雕塑与园林艺术相结合，集历史、文化和社会于一体，是全国最大的主题式公园；深圳园博园是第五届中国国际花卉博览会的举办地，园博会是中国园林花卉最高规格、最高水平、最大规模的国际性博览会；深圳改革开放展览馆运用照片、实物、视频、模型、场景、雕塑和高科技手段、互动体验项目，全面、生动和立体地展现广东改革开放40年的壮阔历程和辉煌成就；港珠澳大桥跨越伶仃洋，东接香港，西接广东珠海和澳门，是世界最长的跨海大桥，也是粤港澳三地首次合作共建的超大型跨海交通工程。

3. 广西红色旅游资源赏析与游线设计

（1）广西红色旅游资源赏析

广西红色旅游资源有以下三点特征。

数量多、分布广。从广西党组织建立、赤色工农武装暴动伊始，到1949年广西全面解放、广西红色革命结束,遗留了数量众多、分布广泛且种类多样的红色旅游资源。广西14个地级市中,有11个市记载了红色革命历史,在空间上形成了百色市、桂林市为两极,相互延伸,以兴安、东兰、龙州、马山为基地,东连粤西、北接湘西、西联云贵的广西红色文化富集区。据统计,重点红色革命旧址旧居、纪念设施等300多处,仅百色市各县的红色旅游资源景点就有62处。

品位高、名气大。广西革命斗争历史宏伟、内容丰富、地位特殊,造就了广西红色文化资源的品位高、名气大的特点。尤其是近年来,百色市在国家、自治区的支持下,创建百色干部学院,建立红色革命传统教育基地,寻找革命精神之"根",借鉴与学习上海浦东、陕西延安和江西井冈山干部学院的经验与做法,努力打造我国西南地区重要的革命教育基地、红色党性教育文化旅游区。在全国重点的红色教育旅游区、红色旅游精品路线和经典景区中,广西依靠自身优势和丰富的红色资源,占据着重要地位,为进一步加强革命传统历史教育与爱国主义教育、推动红色教育旅游经济区创新发展奠定了基础。

地域特色浓、开放包容性强。广西红色文化扎根于八桂大地,与广西壮乡文化长期融合,地域特色十分明显。广西山歌与民歌很多,素材新、内容实,并且吸收与融合了经典红色歌谣的内涵,孕育出壮乡红歌、戏剧等新形式、新特色,激起"红军来后晴了天"的革命热情,推动了革命形势的蓬勃发展;拥有众多革命旧址、宗庙祠堂,如农民运动讲习所旧址、红军标语楼,墙壁上的大量标语、绘画等革命符号,蕴含了丰富的地域文化与外来文化。这些红色资源也接受着外来开放性、包容性与先进性文化的熏陶,形成了强大的文化价值合力,推动了广西地域文化繁荣与发展。

(2)广西红色旅游游线设计

广西推出了8条红色旅游精品线路。

线路1:"邓小平足迹之旅"红色游线,以"探寻伟人足迹,感受革命精神"为主题特色,包括"南宁→平果→田东→田阳→百色→巴马→东兰→金城江"的主要旅游线路和"龙州→靖西→田阳→巴马→东兰"的辅助旅游线路,串联资源点包括中共广西自治区委机关旧址、中国工农红军第七军军部旧址、百色起义纪念馆等。

线路2:"重走红军长征路"红色游线,"桂林→兴安→资源→全州→灌阳",串联红军长征突破湘江烈士纪念碑园、红军堂、老山界、觉山铺阻击战战场旧址、湘江战役旧址、光华铺阻击战战场旧址等资源点。

线路3:"中越边关红色之旅"红色游线,"南宁→东兴→芒街/凭祥→龙州→谅山/靖西→高平→河内",串联昆仑关战役旧址、中国红军第八军军部旧址、龙州起义纪念馆等多个红色景区景点,重点推进友谊关→友谊中越跨境旅游合作区、中越德天→板约瀑布国际旅游合作区、中国东兴→越南芒街跨境旅游合作区（拟设立）建设。

线路4："北部湾改革开放合作之旅"红色游线，"东兴→防城港→钦州→北海"，串联包括北海铁山港、北海港、钦州港、钦州保税港区、中马钦州产业园区、钦州茅尾海滨海新城、防城港、东兴国家沿边开放开发综合试验区等景点。

线路5："桂东辛亥革命"红色游线，"梧州→苍梧→贺州→黄姚→钟山→平乐"。串联梧州中山纪念堂、中共梧州地委、广西特委旧址、韦拔群烈士纪念馆、珠山革命烈士纪念碑、李济深故居等文化名人寓所、黄姚古镇抗战时期遗址遗物等景点。

线路6："桂东太平天国运动"红色游线，"贵港→桂平→平南→梧州→蒙山"，串联金田起义地址、太平天国永安活动旧址等景点。

线路7："南柳社会主义建设与改革开放之旅"红色游线，即"南宁→合山→来宾→柳州"，串联西津水电站、柳州钢铁厂、合山矿产地质遗迹等景点。

线路8："红水河民族团结"红色游线，"隆林→乐业→天峨→南丹→东兰（巴马、凤山）→大化→都安（马山）→忻城→合山→兴宾区→桂平"，串联包括龙州起义纪念馆、东兰县苏维埃政府旧址、天峨龙滩水电站、大化水电站等景点。

4. 海南红色旅游资源赏析与游线设计

（1）海南红色旅游资源赏析

海南红色旅游资源有以下3个特点。

第一，陆地型和海洋型"双栖型"的红色资源业态。相较于国内已经开发成熟和成功的红色旅游项目，海南的红色旅游资源呈现"双栖型"的业态。除了陆地红色文化旅游资源，海南的红色旅游资源还具有独特的海洋性特点。从古代的两伏波将军平定交趾郡的叛乱以维护国家稳定；到近代解放海南岛的渡海战役、收复被越南侵占的西沙之战以及守卫南海的潭门渔民等，海南的红色海洋文化历史可谓历久弥新。

第二，"草根性"和"国际性"对接的发展形态。海南的红色旅游资源不同于其他地区，因为产生了很多党和国家高级领导人而闻名。海南叫得响的品牌之一是红色娘子军。红色娘子军是一群生活在旧社会的妇女在斗争中求解放的奋斗史，其成员都是典型的草根阶层，但是其影响却很广泛。这与其采取的"高大上"的传播形态密不可分。以芭蕾舞剧形式演的《红色娘子军》，曾作为招待外国领导人的曲目进行展演，并在英国、美国、苏联、阿尔巴尼亚等多国进行演出，在国内和国际上产生了强烈反响。

第三，历史性和现代性"一脉相承"的红色资源形态。海南的红色文化源远流长，如历史上有名的海瑞，被誉为"海青天"，其引领的清官文化永不过时，具有突出的时代价值。坐落在海南文昌的宋氏祖居，是为了纪念宋庆龄和她的家庭而修复和兴建的。改革开放以后，在海南省琼海市博鳌镇成立的亚洲博鳌论坛，为我国首个非官方、非营利、定期、定址、开放性的国际会议组织，党和国家领导人以及多国政府首脑、各界人士在此发出亚洲声音。

（2）海南红色旅游游线设计

海南推出了3条红旗之旅精品线路。

线路1：东线红旗之旅路线：（第一天）：海口→定安母瑞山革命根据地纪念园→椰子寨战斗遗址→红色娘子军纪念园→北仍村；（第二天）：北仍村→万宁六连岭革命遗址→陵水县苏维埃政府旧址→坡村红色旅游主题公园；（第三天）：坡村红色旅游主题公园→三亚西岛→崖城革命烈士纪念碑→三亚红色娘子军演艺公园。

线路2：中线红旗之旅路线：（第一天）：海口→白沙起义纪念园→琼崖纵队司令部旧址便文村→什寒村；（第二天）：什寒村→五指山革命根据地纪念园→《天涯浴血》拍摄地→槟榔谷黎苗文化旅游区；（第三天）：槟榔谷黎苗文化旅游区→三亚市田独万人坑→三亚红色娘子军演艺公园。

线路3：西线红旗之旅路线：（第一天）：海口→澄迈县解放海南战役决战胜利纪念碑→临高角解放公园→儋州市革命英雄纪念碑→古盐田；（第二天）：古盐田→昌江县海南铁矿死难矿工纪念碑→"东方万人坑"劳工纪念碑→感恩烽火台遗址→海南毛公山为爱国主义教育基地；（第三天）：海南毛公山女民兵练兵场→崖城革命烈士纪念碑→三亚红色娘子军演艺公园。

围绕新时期海南自贸区建设的利好，乡村旅游、研学旅游游线正成为海南新时期旅游线路设计的新方向。海南以感悟黎苗文化、畅享椰岛风情为主题设计了以下9条乡旅研学主题游线。

其中海南东线游包含海口乡旅风情游线（海口→石山镇/三卿村→挖木薯→火山岩石板烤肉→体验石磨豆浆/糯米糕DIY）、文昌乡旅研学游线（八门湾红树林，铜鼓岭→高隆湾→文昌卫星发射基地→符家宅→茂园村）、琼海椰香风情游线（北仍村→龙寿洋万亩田园→海南农垦万嘉果园→返回海口）3条；西线游包括澄迈、昌江黎苗风情2日游（D1：→澄迈→昌江→霸王岭，D2：酒店→霸王岭）、澄迈、东方琼山乡情2日游（D1：海口→澄迈→东方→鱼鳞洲，D2：东方→雅龙村→大广坝→大田坡鹿旅游区）以及乐东"畅享琼州最高峰"2日游（D1：乐东尖峰岭天池，D2：中华鲟观光园→紫荆瀑布→尖峰岭国家森林公园）3条；中线游则围绕黎族风情、黎乡文化及新时期美丽乡村建设，设计了屯昌、琼中感悟乡情2日游（D1：屯昌梦幻香山→琼中，D2：琼中什寒村）、"五指山、保亭风情山水"2日游（D1：五指山漂流→果园采摘→五指山阿陀岭森林公园，D2：保亭→七仙岭）以及白沙新乡新土新天地2日游（D1：昌江核电站→白沙春茶采摘→那吉跑马场→罗帅雨林山庄→黎家篝火晚会，D2：鹦哥岭自然保护区→仙女溪→品尝白沙红茶）3条线路。

（六）西南区域

1. 西南区的红色旅游环境及特色资源解读

（1）西南区红色旅游环境

我国西南地区包括重庆市、四川省、贵州省、云南省、西藏自治区共五个省区市。在全国12个重点红色旅游区中，涉及西南地区的有3个：以遵义为中心的"历史转折，出奇制胜"黔北黔西红色旅游区；以滇北、川西为中心的"艰苦卓绝，革命奇迹"雪山草地红色旅游区；以渝中、川东北为重点的"川陕苏区，红岩精神"川陕渝红色旅游区。参加长征的中央机关和红一方面军到达黔东时，已从长征开始时的8.6万余人锐减至3万余人。危急时刻，中央政治局在黔东黎平举行会议，肯定了毛泽东的正确意见，做出了中央红军原北上湘西变为转移至遵义西北地区的重大决策，避免了中央红军覆没的危险。红军第二、第六军团于1934年10月在黔东木黄会师，之后策应中央红军行动。中共中央1935年1月15—17日，在遵义召开了政治局扩大会议。会议重新肯定了毛泽东军事路线，从而挽救了红军挽救了党。雪山草地红色旅游区是当年红军长征时经过的最艰难困苦的一段路程。中央红军在滇东北威信县召开扎西会议之后，向敌兵力空虚的云南急进。1935年5月上旬，经昆明的北部禄劝到达皎平渡，渡过金沙江，通过大凉山彝族区，强渡大渡河，越过终年积雪的夹金山，于6月中旬到达川西懋功（今小金）地区，与同年5月退出川陕苏区开始长征的红四方面军会师。两支红军混编为左、右两路军北上，越雪山，过草地，于8月下旬分别到达阿坝和班佑、巴西地区。10月9日和10月22日，红一、二、四方面军先后在甘肃省会宁城和将台堡胜利会师。至此，中国工农红军的长征全部胜利结束。川陕是重要的革命根据地。1932年12月，中国工农红军第四方面军主力离开鄂豫皖革命根据地，向陕南、川东北转移，攻占通江城。1933年初，红四方面军与当地革命武装力量会合，相继攻占南江、巴中等城。1935年5月，红四方面军离开川陕革命根据地开始长征。渝中在新中国成立前处于国民党的白色恐怖之中，但一大批中国共产党人和革命者在国民党统治区同国民党展开了英勇斗争，共产党部分机关也深入虎穴，同蒋介石统治集团展开有理有力的斗争，从而使渝中成为中国人民解放事业的特殊地区。

四川省高度重视红色旅游的发展，早在1999年5月，四川就开展了"重走红军路，将帅故里行"活动，并连续在5年国内旅游交易会上推出比较成熟的红色旅游线路，是全国开展红色旅游较早、成效显著的省份之一。许多州、市，特别是革命老区将红色旅游资源的开发视为一项重大的经济工程和扶贫工程，并已取得显著成效。如邓小平故乡广安市2004年共接待游客54万人，旅游总收入达到创纪录的17亿元，同比增长近120%广安现已成为与湖南韶山齐名的第二大红色旅游胜地、全川三大旅游目的地之一。但从全局来看，四川的红色旅游资源还没有得到很好的开发和利用，比起开发红色旅游资源比较成熟的延安、井冈山、瑞金、重庆等地，四川的红色旅游资源开发过程中存在着以下问题：目标市场狭窄；产品吸引力不高；宣传、促销力度不够；区域联合开发意识不强。

重庆现今红色旅游发展情况是红色旅游资源较为丰富，包括遗址遗迹、建筑与设施、人文活动等方面。其中抗日战争和解放战争时期，革命先烈所留下的大量纪念物和纪念遗迹形成的"红岩精神"，是重庆红色旅游资源非常宝贵的精神财富，在重庆市乃至全国红色旅游资源体系中占据十分重要的地位；红色旅游资源分布广泛，涵盖了渝中、渝东南、渝东北、渝西南、渝西北等地区，各地区的红色旅游资源各具特色；红色旅游知名度极高，悠久的历史给重庆红色旅游带来丰富的资源，重庆红色旅游在全国乃至于全世界都具有极高的知名度；红色旅游发展不均衡，重庆红色旅游除主城区的起步早、开发快，具有一定规模外，处于周边区县的红色旅游景区受当地经济限制，开发程度较差、基础设施不健全、游客停留时间短。

自2005年末"威信会议"召开，云南红色旅游开发迅速兴起。云南成立了红色旅游工作协调小组。提出建设培育10个红色经典景区，6条红色旅游精品线路。在省旅游局和有关部门的指导下，许多县市根据自身的资源优势制定了红色旅游发展规划。其中，唱重头戏的是威信与禄劝两个县。威信县提出打造红色旅游精品县。为推动红色旅游，威信县还推出了红色旅游文化节。禄劝县提出的四条旅游规划路线中有"九龙→翠华→县城→撒营盘→双化→皎西"为主的革命红色文化旅游线。元谋县依托丰富的红色旅游资源，大力发展红色旅游产业，还推出了红军节。红色旅游已经在云南经济发展中起了重要作用。

近些年，贵州政府加大了对红色旅游的投入，红色旅游发展速度显著增快。吸引力也逐渐增强在贵州这样一个以观光休闲旅游，体验大自然的青山绿水为主的旅游省份，以遵义会议会址为代表的红色旅游已渐渐被人们所认可。其次，贵州为拉长游客在黔旅游链，重点打造了"贵阳→遵义→仁怀→习水→赤水→泸州线""贵阳→凯里→镇远→黎平→桂林线"。两条线路代表了贵州旅游的两种不同特色。前者将生态旅游、绿色旅游、酒文化融为一体，知名度高，景区观赏价值高，文化含量高。后者是苗族、侗族聚居的地区，与生态旅游、侗乡风情交相辉映，独具一格。两条精品线路包括了全省大部分重要的红色旅游景区景点，且使这些景区很好地与客源和中心城市连接，与自然资源生态旅游、历史文化旅游、民族风情旅游等结合，形成支撑重点红色旅游景区的骨干框架。在产品包装上，遵义会议会址、四渡赤水纪念馆、毛泽东旧居、

娄山关战斗遗址等景点都是较成熟的旅游产品，形成了特色鲜明的旅游品牌。但是贵州的红色旅游并没有达到想象中遍地开花的地步，许多资源尚待开发和深度挖掘利用，如今能叫响全国的红色旅游品牌仍屈指可数，亮点和资源不成正比。贵州的红色旅游面临的主要问题有：基础和配套设施建设不完善；有过度开发之势；红色旅游资源整合力度不够。

在对西藏红色旅游发展认知不断明晰的过程中，西藏红色旅游资源的富集性不断突显，渐次形成了以拉萨为中心，以山南、林芝、日喀则、昌都、阿里、那曲为辐射范围的红色旅游资源群系，进一步彰显了西藏红色文化的魅力。西藏红色旅游较之全国红色旅游发展态势而言，在经历了"困窘状"的发展徘徊期之后，迅速开启了西藏红色旅游发展的新时期。虽起步较晚、基础设施相对薄弱、规模与总量不够大、知名度不够高、辐射力不够强，但随着红色旅游景点（区）和各类纪念场馆建设力度的增大，建设水平的提高、功能的逐步完善，极大地吸引了当地人民群众与入藏游客的广泛参与，实现了红色旅游的"寓教于乐、寓教于游"的独特价值功能。近年来，西藏红色旅游也渐次实现了爱国主义教育、革命传统教育和民族团结教育的大众化和常态化。此外，西藏红色旅游景点（区）建设力度持续增长，促使红色旅游景点（区）的品级和形象显著提升，将在西藏全域内实现多个国家级红色旅游经典景区和自治区级红色旅游经典景区的"二级制"红色旅游发展态势，形成一大批在西藏，乃至国内外有一定吸引力的红色旅游经典景区。随着国内红色旅游的进一步升温，西藏红色旅游线路开发日臻完善，并逐渐趋于市场化、综合化、主题化，甚至品牌化构建的发展态势。在西藏红色旅游发展中，开始注重深挖红色文化内涵，渐次出现了以文艺表演（节目）的形式，将西藏革命历史、英雄事迹、先进人物搬上舞台，尝试与红色旅游活动有机结合，搭建红色文化新阵地，成为红色旅游的新业态与新方式。

（2）西南区红色旅游特色资源

四川省地处我国西南腹地、长江上游，东邻重庆，南接云南、贵州，西连西藏，北壤青海、甘肃和陕西，是沟通西南、西北和华中三大地区的中枢，地理位置十分优越。四川地域辽阔，旅游资源丰富多样，绝美的自然景观和积淀沉厚的人文景观紧密结合在一起，相得益彰。在自然景观方面，从高原、山地、峡谷到盆地、丘陵、平原，从江河湖泊到温泉瀑布，从岩溶地区到丹霞地貌，一应俱全，是名副其实的旅游资源大省，是国家重点风景名胜区最多的省区。四川的历史文化非常厚重，以广汉三星堆为代表的神秘古蜀文化、以藏羌文化为代表的民族文化、以川酒、川盐为代表的古代产业文化等早已为中外旅游者所瞩目。在文物古迹方面，四川拥有成都、自贡、乐山、宜宾、泸州、都江堰、阆中等7个国家级历史文化名城，还有24座省级历史文化名城、

22座名镇；40个全国重点文物保护单位；268个省级文物保护单位，64座博物馆（纪念馆、陈列馆）等。作为民族大省，四川各少数民族群众的传统民族节日，如彝族的火把节，羌族的民俗风情，藏族的藏年节、转山会，土家族的赶年、社巴节、牛王节，苗族的踏山节等对海内外旅游者有很大的吸引力。这些自然景观、人文景观、民俗风情与红色旅游的融合，形成了四川特有的红色旅游资源。

以红岩精神为代表的重庆红色旅游资源与国内以"长征精神""延安精神""井冈山精神"为核心的其他红色资源在产生时间、地域、背景、条件、环境、主体不同，当时国内外的主要矛盾、党的主要工作任务、斗争性质、目标和要求亦不尽相同。因此，它们各自的特征也迥然不同且各具特色，无法替代独具特色的重庆"红岩精神"，在抗日战争后期及其解放战争时期，重庆作为"陪都"，成为中国政治的中心，演绎了中国历史的一段巨幅画卷，留下了珍贵的历史遗迹和记忆，具有不可替代性和不可或缺性，形成了重庆特有的红色旅游资源。

云南有光荣的革命传统，是较早响应辛亥革命的省份之一。在袁世凯伪满洲国建立时，云南又举起了护国的义旗，云南还是许多爱国将领和革命英雄的成长地。五四运动后，许多云南出省求学的学生加入中国共产党，而云南地下党则坚持不懈地为全国解放而斗争，涌现出了一批著名的革命烈士。在长征中，四渡赤水、巧渡金沙江等事件的发生地点也涉及云南。在抗日战争时期，滇军出省抗战成为"国之劲旅"；日军进犯滇西时，云南人民又进行了艰苦的滇西抗战，并且成为较早将日军驱逐出境的省份之一。抗战胜利后，云南地下党、爱国人士又为和平民主而努力，这些都形成了云南特有的红色旅游资源。

贵州红色旅游资源很丰富，有广为人知的1935年遵义会议，是我党历史中具有转折意义的重要会议。红军在贵州的多次战役，诸如突破乌江、四渡赤水、娄山关战役等都为我们今天所熟知。贵州保留下来的红色文化资源较多，如"黎平会议会址""遵义会议会址""四渡赤水"的赤水红色旅游文化遗址、息烽集中营旧址等。这些都形成了贵州特有的红色旅游资源。

西藏自古以来就是中国领土的重要组成部分，藏族是中华民族大家庭不可或缺的一员。大昭寺门前矗立的"唐蕃会盟碑"真实地记录着汉藏人民1000多年前就已经形成的深厚友情，见证了西藏与祖国内地的密切联系。而以江孜宗山抗英遗址为代表的一系列遗址遗迹，集中体现了近代西藏人民抵抗侵略者，维护祖国统一、反对民族分裂的爱国热情。新中国成立后，西藏得以和平解放，从此开启了西藏发展的新纪元。在西藏革命历史过程中保留的遗迹、遗址、各类文物及重要历史人物、事件的文献资料等，形成一批较有影响力且西藏特有的红色旅游资源。西藏红色旅游资源中包含的

以爱国主义和艰苦奋斗为核心的"老西藏"精神、以"一不怕苦、二不怕死,顽强拼搏、甘当路石,军民一家、民族团结"为核心的"两路"精神、以"一尘不染、两袖清风、无私奉献"为核心的"孔繁森"精神等,是推动西藏文化大发展大繁荣的力量源泉,对于西藏社会主义核心价值体系建设具有积极的推动作用。

2. 四川红色旅游资源赏析与游线设计

(1) 四川红色旅游资源赏析

四川红色旅游资源呈"一线(红军长征路线)、两区(川陕苏区、伟人故里)"的格局分布。其特点有以下四点:

第一,数量众多、分布广。四川是我国红色旅游资源大省,既是邓小平、朱德、陈毅等伟人、将帅的故里,又有巴中川陕革命根据地,还拥有红军强渡大渡河、飞夺泸定桥及爬雪山、过草地等众多景点和故事。据不完全统计,四川全省有红色旅游景区(点)120处,全省80%的市、州都有红色旅游资源分布。如革命老区巴中仅馆藏红军文物就达10 619件,有已经公布的不可移动红军文物保护单位103处,野外红军石刻标语、战壕万余处。

第二,类型多样。四川的红色旅游资源可以分为革命遗址遗迹(如阿坝州的泸定桥)、名人故居与纪念堂(如广安邓小平故居)、革命烈士陵园(如巴中川陕苏区将帅碑林)及各类纪念馆(如达州万源保卫战史陈列馆),另外,四川还拥有其他省份所没有的、独特的红色旅游资源类型,如巴中的川陕苏区将帅碑林、广安双枪老太婆石刻浮雕墙、"中国红色第一街"达州石桥列宁主义街等。

第三,等级较高。四川的红色旅游资源具有深厚的历史价值和旅游价值,有多处被列为国家、省级重点文物保护单位和全国爱国主义教育基地,其中许多还是全国之最,如全国最大的石刻标语"赤化全川""平分土地",最大的将帅碑林川陕苏区将帅碑林,最大的红军自己建造的烈士陵园即王坪烈士陵园。

第三,品牌突出。四川的红色旅游资源按其特征可分为长征丰碑、伟人故里和川陕苏区三大旅游板块,在2004年底国家旅游局《全国红色旅游发展规划纲要》确定的12个重点红色旅游区中就包括四川的"雪山草地红色旅游区"和"川陕渝红色旅游区"。而由三大旅游板块又延伸出伟人故里、雪山草地、强渡大渡河、剑门蜀道、嘉陵江、川陕苏区、四渡赤水、甘孜香格里拉8条精品旅游线,这些精品旅游线巧妙地将四川的红色旅游资源与四川丰富的自然、人文旅游资源结合,形成了四川独特的红色旅游品牌。

(2) 四川红色旅游游线设计

四川推出了11条红色旅游精品线路,突出了"伟人故里、长征丰碑、川陕苏区"

三大主题，同时体现了红色旅游与生态旅游、乡村旅游等结合，充分展示四川雄伟壮丽的自然风光、可歌可泣的革命历史、绚丽多姿的民族风情和改革开放的新貌等。

线路 1：追寻伟人足迹，感受改革新貌。线路行程：成都→资阳→仪陇→广安。主要景点：陈毅故里景区、朱德故里景区、小平故里景区。线路特色：以革命伟人、将帅的风采及家乡的自然风光和当地的历史文化、民俗风情为主题，走进伟人故里，开展献一次花、宣一次誓、听一场报告、看一场电影、过一次组织生活的"五个一活动"，踏寻伟人青少年时期活动的足迹，感受改革开放丰硕成果。

线路 2：红岩精神寻踪，伟人故里思源。线路行程：成都→华蓥山旅游区→小平故里→重庆。主要景点：华蓥山游击队纪念馆、华蓥山游击队遗址、小平故居、思源广场。线路特色：走不寻常路，感受不寻常事，学习革命先烈的革命战斗精神。走进思源广场，体会"饮水思源"，领会"实事求是"的精神真谛；走进华蓥山旅游区，探访红岩精神发源地，勇闯"双枪老太婆"大本营，缅怀革命先烈；走进华蓥山游击队遗址，重温昔日的烽火硝烟。

线路 3：川陕缅英烈，巴山耀华夏。线路行程：重庆（成都或西安）→巴中城区川陕革命根据地博物馆→川陕苏区将帅碑林→恩阳区恩阳红色古镇→平昌县刘伯坚烈士纪念馆→通江县红四方面军总指挥部旧址纪念馆→通江县王坪烈士陵园→南江县巴山游击队纪念馆→重庆（成都或西安）。主要景点：川陕革命根据地博物馆、川陕苏区将帅碑林、恩阳红色古镇、刘伯坚烈士纪念馆、红四方面军总指挥部旧址纪念馆、王坪烈士陵园、巴山游击队纪念馆。线路特色：全国 30 条红色旅游精品线之一，涵盖了川渝区域以小平故里和朱德故里为代表的红色旅游经典景区。以川陕苏区革命遗迹、川陕苏区文化为特色，并融入大巴山自然风光、巴人文化等内容，感悟红四方面军创建根据地的艰苦，感受大巴山人支持红军的火热情怀，领略大巴山神奇壮美风光和独特巴人文化、巴山民俗。

线路 4：剑门雄关险，嘉陵山水奇。线路行程：成都→红军血战剑门关遗址（剑门关景区）→昭化古城→旺苍红军城→苍溪红军渡→阆中古城→成都。主要景点：剑门蜀道剑门关 5A 级旅游景区、昭化古城 4A 级旅游景区、旺苍县红军城、木门会议遗址、苍溪红军渡·西武当山 4A 级旅游景区、阆中古城 5A 级旅游景区。线路特色：以红四方面军强渡嘉陵江为主题，以嘉陵江自然风光、沿江重要历史文化胜迹为配套，展示红四方面军在嘉陵江流域发生的木门会议、旺苍红军城、血战剑门关等重大军事政治活动，并融入古蜀道文化、三国文化和川北自然山水风光。可开展血战剑门关遗迹观光、剑门蜀道历史文化观光等活动。

线路 5：蜀道风云，灾后新貌。线路行程：成都→红军血战剑门关遗址（剑门蜀道剑门关景区）→昭化古城→白龙湖风景名胜区→青川县城→唐家河旅游区→青川县东河口地震遗址公园→成都。主要景点：剑门蜀道剑门关 5A 级旅游景区、昭化古城 4A 级旅游景区、白龙湖国家级风景名胜区、青川县城灾后恢复重建示范点、唐家河 4A 级旅游景区、青溪古城 4A 级旅游景区、青川县东河口地震遗址公园。线路特色：游览剑门关景区，体会红四方面军战斗的艰难，追忆革命先烈的战斗历程，感怀中国共产党领导人民建立国家的伟大功绩；青川县城是青川人民在汶川大地震后灾后恢复重建的结晶，青川县东河口地震遗址公园是汶川大地震首个地震遗址纪念公园，充分体现了伟大的抗震救灾精神，在这里真切感受到地震山崩地裂的无情，同时也深深体会到八方支援的大爱。这条线路还可以游览中国唯一一座三国文化历史古城昭化古城、中国西南最大的湖泊白龙湖风景名胜区和中国的黄石公园唐家河旅游区，体会到古城的历史、欣赏到湖泊的壮美、回味自然生态的秀美。

线路 6：雪山草地，长征丰碑。线路行程：成都→小金（红军达维会师桥）→两河口会议遗址→马尔康（卓克基会议遗址）→刷经寺→红原→瓦切（红军长征纪念）→若尔盖→巴西会议遗址→九寨沟、黄龙→川主寺红军纪念碑碑园→茂县→汶川→成都。主要景点：夹金山、小金（红军达维会师桥）、两河口会议遗址、卓克基会议遗址、红原瓦切长征纪念遗址、巴西会议遗址、川主寺红军纪念碑碑园。线路特色：在 1932 年 4 月至 1936 年 8 月这一长达 16 个月的时间里，中国工农红军在阿坝州境内的小金、金川、汶川、理县、茂县、黑水、马尔康、红原、若尔盖、松潘、阿坝等地，爬雪山过草地，经过羌乡藏寨。此条红色旅游线路，以体验红军长征爬雪山过草地艰苦卓绝革命精神为主题，同时可观赏到世界自然遗产九寨沟、黄龙，川西北大草原湿地等奇山异水，能感受浓郁的藏羌民俗风情。

线路 7：强渡大渡河，飞越泸定桥。线路行程：成都→石棉安顺场→泸定磨西会议遗址→泸定桥→岚安乡→成都。主要景点：磨西会议遗址、泸定桥、岚安乡（红军宣传墙保存有共产党十大政纲、漫画、标语；岚安区苏维埃政府以及金汤县委、游击队总部旧址、红 32 军司令部旧址、红军医院旧址、红军磨坊）。线路特色：磨西会议遗址位于甘孜州泸定县南部，地处国家级风景名胜区贡嘎山东坡，海螺沟冰川森林公园入口处。走进海螺沟冰川森林公园，仰望贡嘎雪山的雄伟、感受低海拔冰川的瑰丽、经历一次说走就走的旅行；来到泸定桥，追忆飞夺泸定桥之惊心动魄，踏寻红军当年的足迹；进入岚安乡，感受红军长征途中的艰难和红军战士面对困难的勇气，缅怀革命先烈，珍惜现在来之不易的幸福。

线路 8：四渡赤水，醉美川南。线路行程：成都→泸州→古蔺（太平镇、二郎镇）→贵州赤水→黄荆老林→成都（或重庆）。主要景点：泸州起义遗址→龙透关、朱德况场纪念馆；红军四渡赤水纪念馆、红军街、红军医院、红军码头等；二郎滩渡口背水站现场；贵州赤水土城，红军四渡赤水一渡发生地贵州元原渡口，四渡赤水博物馆、红军古街等景点。线路特色：四渡赤水出奇兵，是中央红军在长征途中，处于国民党几十万重兵围追堵截的艰险条件下，进行的一次决定性运动战战役。此线路以中央红军四渡赤水出奇制胜为主题，融入川南自然风光（黄荆老林、赤水河风光）和中国白酒文化等。还可南与贵州、东与重庆等省市红色旅游线路衔接，形成跨省的红色旅游线路，是川黔渝旅游金三角环线的重要组成部分。

线路9："金沙水拍云崖暖，情深意长大凉山"。线路行程：成都→西昌→冕宁→会理→昆明。主要景点：彝海风景名胜区、安宁湖、红色冕宁纪念馆、红军文化广场（长征颂雕塑）、红军长征纪念馆、卫星基地景区；红军长征过会理纪念碑、纪念馆，国家历史文化名城会理等。线路特色：以毛泽东长征诗词"金沙水拍云崖暖"为主题，把红军长征中发生在该区域的巧渡金沙江、战会理、泸沽分兵、攻冕宁、彝海结盟等系列著名事件串联起来，同时融入攀西的阳光生态、民族风情、现代工业文明等特色旅游景观。

线路10："纪念抗战胜利，重走史迪威公路（乐西公路）"。线路行程：成都（大邑）→峨眉山市→金口河大峡谷→乐西公路蓑衣岭→石棉安顺场→汉源→冕宁→西昌。主要景点：大邑建川博物馆聚落（侵华日军罪行馆），石棉安顺场，金口河大峡谷，彝海结盟、西昌卫星发射基地等。线路特色：乐西公路，是四川20多万民工在乐山至西昌500多公里战线上，在抗日战争最艰苦的1939年至1940年用"血肉谱写的"壮美乐章。这条线上既有壮丽的自然风光，还有诸葛亮七擒孟获、红军彝海结盟等人文历史，也有魅力无穷的彝族风情和各种美食。

线路11："回望英雄岁月，共建美好未来"（四川博物院→5·12抗震救灾纪念馆→"两弹"城旧址→攀枝花城市展示中心。）四川博物院是西南地区最大的综合性博物馆，在全国公共博物馆中占有重要地位；5·12抗震救灾纪念馆全面回顾规模空前的抗震救灾斗争历程，反映可歌可泣的英雄壮举和感天动地的崇高精神，展示党和人民的伟大力量，激励和鼓舞全国各族人民在党中央领导下，大力弘扬万众一心、众志成城，不畏艰险、百折不挠，以人为本、尊重科学的伟大抗震救灾精神，取得了抗震救灾和经济社会发展的全面胜利；中国"两弹"城旧址，是曾聚集中国国家科技精英，为党和国家领导人倾注心血、举世瞩目的人杰地灵之地；作为攀枝花的城市会客厅，攀枝花城市展示中心规划馆通过科技化手段，展示攀枝花的过去、现在以及未来规划。在展馆设计上，除了凸显攀枝花本地特色，还采用了大量创新设计理念，不少设计元素属于国内首创。

特别是2020年,四川以"望得见山、看得见水,记得住乡愁"为主题。各地市围绕自身乡村旅游建设基底设计游线,到乡村、住民宿、学农活、品民俗,城郊游、自驾游、亲子游、研学游已成为四川新时期乡村旅游的新时尚。

其中,成都市打造的都江堰七里诗乡→川西音乐林盘(猪圈咖啡)→聚源镇竹雕→桂妈上上签→江南忆、坐忘、闲在逅舍的"诗乡风情游线";自贡市打造的尖山风景区(自流井区)→尖山艺术小镇(自流井区)→仙市古镇(沿滩区)→仙市慢餐民宿(沿滩区)→文庙西湖(富顺县)→狮市古镇(富顺县)的"盐田康体游线"、攀枝花市打造的滨河坊→米易海塔世外桃源→普威绿野花乡→颛顼龙洞→米易傈僳梯田→芭蕉箐枇杷水乡→撒莲禹王宫村的"川南巴蜀风情游线"等反映新时期四川乡村发展、魅力香醋建设成就的游线正成为游客"寻梦四川、感悟乡情"的重要旅游线路。

3. 重庆红色旅游资源赏析与游线设计

(1)重庆红色旅游资源赏析

重庆拥有大批红色旅游资源,作为国家历史文化名城和全国抗战统一战线基地,重庆市拥有全国爱国主义教育示范基地6个,市级爱国主义教育基地16个,全国重点烈士纪念建筑保护单位4个,市级重点烈士建筑物保护单位4个,与中国共产党在革命和战争时期领导人民推荐内解放事业有关的全国重点文物保护单位4个,市级文物保护单位27个,还有一大批区(县)级红色旅游资源。这些旅游资源主要分布在主城及其周边的都市红岩革命旅游区、渝东北的川陕革命根据地旅游区、渝东南的川黔湘鄂革命根据地旅游区,这些旅游区集中体现了红岩精神和抗日革命活动两条主线,在中国革命史上占有十分重要的地位。

(2)重庆红色旅游游线设计

重庆推出了5条红色旅游路线。

路线1:"红岩精神,光耀千秋"。景点包括渝中"红色三岩"即红岩村、曾家岩、虎头岩。游览线路:《新华日报》营业部旧址→周公馆→桂园→《新华日报》总馆旧址→红岩革命纪念馆等处。这条路线中,《新华日报》营业部位于解放碑附近,渝中区民生路208号。该建筑建于20世纪30年代,系砖木结构楼房。而《新华日报》总馆旧址,位于渝中区化龙桥虎头岩村,紧邻29中住宿部和化龙桥天地湖,由5栋竹木、土木结构楼房组成。

路线2:"携手同心,风雨同舟"。市民和游客可从抗建堂旧址出发,依次前往沈钧儒旧居、中共中央南方局外事组旧址、中国民主党派历史陈列馆、桂园等处。

路线3:"丹心映日月,热血铸丰碑"。路线规划为中共重庆地方执行委员会旧址→三·三一惨案纪念地→中法学校旧址→佛图关杨闇公烈士铜像等处。

路线4:"心系人民,成就经典"。线路为人民解放纪念碑→重庆市人民大礼堂→大田湾体育设施群→重庆市劳动人民文化宫→中共重庆市委枇杷山办公楼旧址→红星亭。市民和游客可尽情品鉴经典建筑风格。

路线5:"攻坚克难,砥砺前行"。由中共重庆地方执行委员会旧址、"三·三一惨案"纪念地、《新华日报》营业部旧址、人民解放纪念碑等构成。市民和游客可通过游览这些景点,来一场穿越历史的红色之旅,深度体验重庆红色文化历史发展之路。

特别是在新时期重庆乡村建设角度,作为四大直辖市之一,重庆在西部乡村建设、乡村旅游发展建设角度充当排头兵,在域内设计了近50条山水依存、反映时代乡村建设的主题游线。

其中,渝北地区围绕铜锣山矿山地质公园开展地质褶皱科普游线,同时在明月山周边设计渝北两路城区或主城→铜锣山矿山地质公园→香浓硕庄园→瑜峰山草莓采摘点→花岛湖公园→玉峰山森林公园景区→七彩铜锣生态园→两江影视城→龙兴古镇→排花洞景区→明月山花果长廊→张关水溶洞景区→沐丰园生态农场→主城区的"明月山游线"以及渝北两路城区或主城→仙桃李景区→周家山云上摄影基地→花漾渔村景区→大湾桂禾花仙谷→大湾金风桃园→印盒李花生态旅游区→御临河10万亩柑橘产业带→统景温泉→天险洞樱花林景区→明月山中药材基地→统大路现代化水果基地→主城区的环御林湖风情游线。

在研学角度,围绕陶行知纪念馆(育才学院旧址)→钓鱼城景区→石全山庄(三星农家乐)→涞滩古镇→天龙谷→友军生态园(三星农家乐)和钓鱼城景区→铜梁洞公园→友缘山庄(五星农家乐)→文峰古街→卢作孚故居→世纪乐都游乐园→陶行知纪念馆(育才学院旧址)两条研学主题游线,使游客在领略川渝风情,感受自然之美的同时获得历史积淀的学习。

在城市文化主题游线角度,重庆市设计了以轻轨6号线状元碑站→城南公交枢纽→重庆自然博物馆→缙云山索道(上行)→缙云山景区→缙云山索道(下行)→卢作孚纪念馆→老舍旧居→梁实秋旧居→嘉陵风情步行街、万达广场(晚餐)→海宇云水温泉为主题的渝地街市风情游线。同时,在重庆巴南设计了玉滩结义山→东泉黎家山→爬木耳山→温泉体验游线,在领略巴南自然风光与人文风情的同时,感受地质构造带为巴南带来的天然温泉。

此外,开州环汉丰湖生态休闲旅游线路:开州县城→滨湖公园(规划馆、博物馆、游泳馆、市民茶社)→画舫游湖→风雨廊桥→月潭公园→刘伯承同志纪念馆(故居)→十里竹溪→水韵厚坝。雪宝山避暑养生旅游线路:开州县城→刘伯承同志纪念馆(故居)→温泉古镇→河堰岩水→紫水龙头嘴森林运动公园→谭家天心桥漂流→养

生满月→雪宝山森林公园。"巴渝原乡"之民宿游：沪渝南线高速→龙头港下道→蔺市美心红酒小镇→万松里民宿村→马武清溪山谷→古今花海。这些休闲主题游线在为游客提供高质量服务体验的同时，也为重庆为世人展现新时期乡村旅游、美丽乡村建设角度描绘最为出彩的一笔。

4. 云南红色旅游资源赏析与游线设计

（1）云南红色旅游资源赏析

云南作为旅游文化大省，有着丰富的红色旅游资源。在《一期规划》中，我国就发展红色旅游的总体思路、总体布局和主要措施做出明确规定，表明国家将大力发展红色旅游产业。其中，提出发展红色旅游要实现的六大目标之一，是配套完善30条"红色旅游精品线"。在全国30条红色旅游精品线路中涉及云南的有1条：昆明→会理→攀枝花→冕宁→西昌线。此外，云南的红色旅游资源的集中度非常高，这为红色旅游的产业化发展创造了绝佳的天然条件。云南的红色旅游资源集中于昆明市区，滇东北的昭通、曲靖市，滇西北丽江、迪庆，这些地区除了拥有丰富的红色旅游资源外，还拥有丰富的民俗旅游资源和自然景观，这有助于开发红色旅游资源。将红色旅游与自然景观结合起来，进行综合立体的旅游资源开发，为人们带来更多别具一格的旅游产品，增强旅游产业的发展活力，促进红色旅游的产业化发展。

（2）云南红色旅游游线设计

在《一期规划》中提出的全国30条红色旅游精品线路中涉及云南的有1条：昆明→会理→攀枝花→冕宁→西昌线，主要红色旅游景点有：昆明市"一二·一"四烈士墓及"一二·一"纪念馆，寻甸县红军长征柯渡纪念馆；凉山州会理县皎平渡红军渡江遗址、会理会议遗址，冕宁县彝海结盟遗址、红军长征纪念馆。

此外，云南还推出了6条红色旅游精品线路。

线路1：长征精神红色旅游线：昆明→禄劝→元谋，该线集爱国主义教育、红色文化体验、人类发祥史及自然观光于一体。

路线2：雪域高原红色旅游线：昆明→丽江→迪庆（香格里拉、德钦），该线以追忆长征经滇西北的光辉历程为主题，展现高原旅游特色风采。

路线3：乌蒙磅礴红色旅游线：昆明→寻甸→东川→会泽→巧家→昭通→威信，该线充分展现相关县（市）以及邻近省份的红色文化、自然风光和人文历史，特色内容有重温"乌蒙磅礴走泥丸"的革命历史、走近传统铜文化等。

路线4：南疆烽火红色旅游线：昆明→石林→蒙自→屏边→河口→马关→砚山→广南（文山）→富宁（麻栗坡），该线集红色旅游与滇越铁路寻访、风景名胜观光、边境旅游体验为一体。

路线5：滇西抗战红色旅游线：昆明→楚雄→大理→隆阳→施甸→腾冲→龙陵→芒市→瑞丽，该线追寻滇西抗战遗址遗迹和杨善洲的足迹，结合边境、跨境旅游，展现云南建设面向南亚东南亚辐射中心的魅力。

路线6：民族团结红色旅游线：昆明→玉溪→墨江→宁洱→思茅→景洪→双江→勐腊，该线结合红色文化，串联我省多民族风情和独特的自然风光。

5.贵州红色旅游资源赏析与游线设计

（1）贵州红色旅游资源赏析

贵州省有丰富的红色旅游资源。从1930年4月至1936年4月，红七军、红三军、红一方面军、红二六军团、红九军在贵州开展了轰轰烈烈的革命斗争，足迹遍及68个县，建立了滇黔桂革命根据地、黔东革命根据地、黔北革命根据地和黔西北革命根据地。在《一期规划》中，贵州省被列入3条全国红色旅游精品线路：贵阳→凯里→镇远→黎平→通道→桂林线；贵阳→遵义→仁怀→赤水→泸州线；张家界→桑植→永顺→吉首→铜仁线；贵阳市息烽集中营革命历史纪念馆、安顺市王若飞故居，被确定为全国红色旅游经典景区；以遵义为中心的黔北、黔西北红色旅游区，被确定为全国重点红色旅游区。贵州省红色旅游资源都是革命文化的精髓所在，这在全国红色旅游景区中，是有巨大的号召力和感染力的。不仅如此，贵州红色旅游资源还带有极强的传奇性色彩。在中国共产党漫长的征途中，在贵州留下的一个个步子，都是一个个有血有肉的故事。从遵义会议开始，中国共产党从幼稚走向成熟；从四渡赤水那一刻起，就注定中国共产党即将摆脱敌人的围剿，开始一个新的局面；从红军攻克娄山关那一天起，中国革命就在逐步走向胜利。中国共产党在贵州留下的足迹曲折而传奇，是我国其他革命老区无法相比的。

（2）贵州红色旅游游线设计

在《一期规划》中提出的全国30条红色旅游精品线路中，与贵州省有关的有3条。①贵阳→凯里→镇远→黎平→通道→桂林线，主要红色旅游景点：贵阳市息烽集中营革命历史纪念馆、息烽县乌江景区、黔东南州黎平县黎平会议旧址、桂林市八路军驻桂林办事处旧址、兴安县界首镇红军长征突破湘江烈士纪念碑园。②贵阳→遵义→仁怀→赤水→泸州线，主要红色旅游景点：贵阳市息烽集中营革命历史纪念馆，息烽县乌江景区；遵义市遵义会议会址，红花岗区红军山烈士陵园，汇川区和桐梓县娄山关景区，仁怀市红军四渡赤水纪念地，习水县黄陂洞战斗遗址，赤水市红军烈士陵园，丙安红一军团纪念馆。③张家界→桑植→永顺→吉首→铜仁线，主要红色旅游景点：张家界市桑植县贺龙故居和纪念馆、湘西自治州永顺县湘鄂川黔革命根据地旧址、恩施自治州鹤峰县满山红纪念园、铜仁市周逸群故居。

此外，贵州还推出了10条红色旅游精品线路。

线路1："爽游贵阳，重温红色文化"之旅，线路包括达德学校旧址→息烽集中营革命历史纪念馆→乌江峡红色旅游经典景区→息烽温泉。贵阳是一座红色文化底蕴深厚的土地，英勇的革命先辈们曾在这片土地上浴血奋斗，留下了丰富多彩且独具民族特色的红色文化资源财富。来一场重温历史之旅，感受革命先辈百战创业之艰巨。

线路2："醉美遵义，红色经典"之旅，线路包括遵义播州区（苟坝会议会址）→遵义会议会址→娄山关景区→丙安红一军团陈列馆→赤水河谷[游公路（仁怀）习水段]→黄陡坡战斗遗址习水（土城古镇、四渡赤水纪念馆、中国女红军纪念馆、土城渡口、青杠坡红）→赤水（世界）丹霞自然遗产地。重温红色经典，遵义是不可错过的地方。它红得正、红得烈，红得荡气回肠，红得器宇轩昂。红色遵义的绿色风景也美到极致，赤水丹霞，色如渥丹，灿若明霞。

线路3：" '遵'寻初心，我的青春正当红"之旅，线路包括遵义会议会址→观看《伟大转折》→绥阳十二背后→赤水河谷国家级旅游→城古镇（四渡赤）纪念馆→赤水丹霞旅游区。重温红色经典遵义会议会址、观看大型舞台剧《伟大转折》、探秘十二背后，亲身感受软探险的艰辛和战胜自我的巨大成就感，打卡茅台酒产地，了解中国白酒酿造历史和酒文化，骑行醉美旅游公路，流连赤水河谷壮阔美景，欣赏百年非遗技艺"打铁花"，品尝地道遵义美食，开启对遵义的近距离接触和初体验，感受遵义独特魅力。

线路4："红色圣地'韧性'骑行"之旅，线路包括遵义（遵义会议会址）→播州（平正乡团结村）→赤水河谷旅游公路→习水（土城女红军念馆）。参观遵义会议会址、土城女红军纪念馆，听"当代愚公"黄大发讲述历经36年在大山绝壁上凿出生命渠，培养韧性品质、坚毅品质。到土城学习土法制红糖的技艺，传承非遗文化。

线路5："六盘水'三线''三变'"红色之旅，线路包括六盘水市贵州三线建设博物馆→米萝三变农业基地→月照养生谷→海坪千户彝寨→娘娘山风景区→岩博酒业→妥乐古银杏风景区→盘县红二、六军团会议会址陈列馆→六盘水三线广场→哒啦仙谷。"盘县会议"对三大主力红军会师西北结为一体、实现第二次国共合作起到了巨大的促进作用。六盘水曾是三线建设的主战场之一，重温新中国成立初期的艰难创业历史，传递艰苦奋斗、自强不息的"三线精神"，提高爱国情怀，传播旅游声音。

线路6："风情黔东南，红色传承"之旅，线路包括锦屏隆里古城→龙大道故居→榕江红七军军部旧址历史陈列馆→黎平会议会址纪念馆→八舟河红军桥→肇兴侗寨→"中国唯一的枪手部落"岜沙苗寨→加榜梯田。黔东南是"红色贵州"的恢宏序幕，是中央红军长征进入贵州的第一站。民族文化和自然环境是黔东南的两大宝贝，红色文化则是黔东南尤为宝贵的精神财富。

线路7："不忘初心，伟大转折"之旅，线路包括瓮安猴场会议会址→福泉古城文化旅游景区→贵定金海雪山景区→龙里双龙镇巫山峡谷景区→惠水好花红村→长顺广顺州府。优质的生态环境与红色文化，让黔南州更具魅力。到草塘千年古邑倾听黔南历史长歌，游瓮安猴场会议遗址，感受江界河的天险，忆峥嵘岁月。

线路8："黔南州'忆峥嵘'"红色之旅，线路包括都匀三线建设博物馆→三都水族博物馆→荔波邓恩铭故居→独山抗日深河桥遗址→平塘掌布景区→罗甸红水河景区。这条线路汇集了黔南三线文化、红色文化、水书文化，是一条文化味十足的旅游线路。掌布景区有上亿年的古生物化石，秀美的自然风光，红水河景区有惊险刺激的水上栈道，为旅途增加了更多趣味。

线路9："黔东门户，丹砂之恋"红色之旅，线路包括铜仁碧江中南门古城→周逸群烈士故居→万山朱砂古镇→印江红二六军团木黄会师纪念馆→思南旷继勋烈士故居→思南九天温泉→德江枫香溪会议会址→黔东特区革命委员会旧址→石阡县（红二、六军团革命遗址、红二、六军团总指挥部会议旧址及陈列馆、甘溪红军战斗遗址、困牛山红军集体跳崖遗址）。到朱砂古镇触摸一段与祖国同呼吸共命运的丹砂故事、共和国之恋，再沿着红二、六军团的遗迹追思革命先烈，去思南九天温泉洗去一身疲惫。

线路10："重走长征路，深度体验游"，长征路包括中央红军长征线路和红二、六军团长征线路。中央红军长征线路：遵义→金沙江钱壮飞烈士纪念碑→毕节市博物馆→红九军团梯子岩战斗遗址→云南方向；红二、六军团长征线路→六盘水；最美红色自驾之旅：安顺王若飞故居→史迪威晴隆（"二十四道拐"遗址）、安南古城（见证历史的弯道）→兴义何应钦故居、）→函石林（国民党原军政部长故里）。

新时代的贵州，依托优越的自然地理环境、紧跟国家政策、抢占大数据发展机遇、建设科技贵州，同时大力推进乡村振兴、提高农民生活水平和幸福感取得了瞩目的成就。

线路1："科技贵州之旅"（贵阳市大数据广场→腾讯贵安七星绿色数据中心→FAST天眼→茅台酒厂）。位于高新区大数据广场的大数据应用展示中心，被称为贵州、贵阳大数据产业发展的"微缩景观"。在这里，可以直观感受贵阳奋力打造创新型中心城市的发展历程；腾讯贵安七星绿色数据中心位于贵州省贵安新区，是一个特高等级绿色高效灾备数据中心，在贵安新区政府的统筹领导下按照腾讯的技术要求建设，未来将用于存储腾讯最核心的大数据；天眼是国家重大科技基础设施，是世界上最大的射电望远

镜;茅台酒是中华民族智慧的结晶,是"科技茅台""酱香型科技"的领头企业。

线路2:"美丽乡村之旅"(十八洞村→花茂村→洪江国际艺术村→板栗园村→西江千户苗寨。)十八洞村是中国"脱贫奇迹"的真实写照,是贵州乡村振兴的典范标杆,从物质脱贫到精神脱贫,农民获得了真正的自尊;花茂村发展红色游、田园游,"荒茅"变成了"花茂",寓意花繁叶茂,贫困村变成了小康村;洪江国际艺术村创造了"废旧房"变身"文创房""闲置地"变身"生财地""贫困户"变身"示范户""空心村"变身"国际艺术村"等系列奇迹;板栗园村青山如屏、绿水如带,一座座民居散布其间,构成了一幅乡村画卷,让人赏心悦目。板栗园村将"美丽乡村"建设与乡村振兴相结合发展,依托自身优美的自然环境、良好生态以及区位优势,大力开发意趣无穷的自然村落和丰富的自然资源;西江千户苗寨是一处保存苗族"原始生态"文化完整的地方,宛若一座大型的苗族文化露天博物馆,是了解苗族文化、体验苗族人家生活的最佳去处。

6.西藏红色旅游资源赏析与游线设计

(1)西藏红色旅游资源赏析

鉴于西藏特殊的历史、地理区位,必须扩展其红色旅游的内涵,即相对于官方给出的红色旅游定义,西藏的红色旅游资源在时空方面有必要进行拓展。西藏的红色旅游资源虽然总量不大,但其类型较为丰富,历史地位和意义重大,将西藏的红色旅游资源分为七类。

①反映西藏主权归属、西藏人民反抗外敌入侵的遗址、遗迹,如曲美雄古古战场纪念馆、亚东清代海关遗址、江孜县宗山抗英遗址、乃宁寺景区等。

②在革命斗争、保卫领土、社会发展中英勇献身的英烈纪念地,如拉萨烈士陵园、山南烈士陵园、林芝烈士陵园、"先遣连"烈士陵园、援藏干部墓地等。

③反映和平解放、民主改革历史事件的遗址、遗迹,如十八军军部旧址、昌都解委会旧址、中央人民政府驻藏代表楼等。

④反映西藏残酷农奴制度,形成新旧社会对比的遗址、遗迹,如帕拉庄园、朗色林庄园、朗通庄园等。

⑤新时期西藏社会、经济发展领域具有代表意义的地点或纪念物,如青藏川藏公路纪念碑、西藏和平解放纪念碑等。

⑥爱国爱教人士的故居与活动地,如班禅大师驻锡地及灵塔供奉地日喀则扎什伦布寺、热振活佛驻锡地热振寺、根敦群培纪念馆等。

⑦具有突出贡献和事迹的人物,如布德、伦白、孔繁森、陈刚毅、祁爱群等。

在七类红色旅游资源中,所占比重最大的为第二类,根据所获取的资料,在西藏大概有29处烈士陵园及墓地等。其次是第三类，大概有22处反映西藏和平解放、民主改革历史事件的遗址、遗迹。而所占比重最少的是第四类和第六类，都只有4处。可以看出，西藏各类红色旅游资源的总量都不大，但这些资源对于反映西藏的主权归属、反映西藏的社会主义建设成就等都具有十分重要的意义。

西藏红色旅游资源特征如下：

①西藏红色旅游分布具有主题突出的集中性，如抗英遗址集中分布在日喀则市的"亚东→康马→江孜"一线，和平解放和民主改革重要事件主要分布在"昌都→林芝→拉萨"一线等，这种分布特征对规划形成主题突出的红色旅游经典旅游线路十分有利。

②在空间分布上，西藏的红色旅游资源集中分布在以拉萨市达孜区为圆心，半径508千米的范围内。此范围内包含了拉萨、山南、那曲的全部红色旅游景点，日喀则和林芝的大部分，以及昌都的部分红色景点，仅阿里地区无红色景点包含在此区域内，红色旅游景点总数52处，占总量的67%。大的集中区域内，又有小区域集中，如拉萨和山南北部的红色旅游资源较集中，日喀则东部的红色旅游资源较集中，昌都西部和林芝北部的红色旅游资源较集中。从分布趋势来看，西藏的整个红色旅游资源呈东西向的狭长分布。

（2）西藏红色旅游游线设计

西藏推出了4条红色旅游精品线路。

线路1：拉萨（出发）→中央人民政府驻藏代表楼旧址→拉萨烈士陵园→雪城→清政府驻藏大臣衙门旧址陈列馆→林周农场→拉萨（返程），代表性红色景点有雪城、拉萨烈士陵园、中央人民政府驻藏代表楼旧址、清政府驻藏大臣衙门旧址陈列馆、林周农场。

线路2：从成都出发→317国道→昌都市→318国道→波密县→太昭古城→墨竹工卡县→到达拉萨。代表性红色景点有岗托十八军渡口指挥部旧址、波密红楼、波密将军楼、大甲玛景区。

线路3：从拉萨出发→扎囊县（朗色林庄园）→乃东区→错那县→隆子县→返回拉萨，代表性红色景点有山南烈士陵园、克松基层党支部旧址、张国华将军前线指挥部遗址、玉麦边境乡。

线路4：从拉萨出发→浪卡子→江孜宗山抗英遗址→亚东→康马（乃宁寺）→返回拉萨，代表性红色景点有卡若拉冰川、江孜宗山抗英遗址、曲美雄谷要塞遗址、乃宁曲德抗英遗址。

拉萨是世界上高海拔地区的人口最多的城市，是中国共产党带领西藏人民建设的一大奇迹。拉萨城就是红色精神最好地诠释。畅游拉萨，感受这座城市的红色内涵和红色基因。

其中，西藏在纪念和平解放、伟人事迹、新时期建设等角度规划了西藏百万农奴解放纪念馆→拉萨城市规划馆→西藏自治区"两路"精神纪念馆→谭冠三纪念馆→西藏军区军史馆等地为主题的"西藏进步成就游线"。西藏百万农奴解放纪念馆通过场景复原、实物展陈、图片、3D裸眼呈现等形式，生动展示了党领导西藏各族人民砸碎政教合一封建农奴制的枷锁，建设社会主义新西藏的恢宏画卷；拉萨城市规划馆通过图文、视频、3D投影技术展示了拉萨城市经济、城市面貌发生的高速变化及未来的宏伟蓝图；中国人民解放军和各民族筑路员工，不仅在"世界屋脊"上修通了举世闻名的川藏、青藏公路，创造了人类公路史上的奇迹，也留下了宝贵的"两路"精神，值得后人传颂；谭冠三纪念园是西藏革命历史的重要实物例证，是弘扬"老西藏精神"、缅怀革命先烈的重要载体；西藏军区军史馆多角度刻画驻藏部队烽火岁月和风雨历程的场景，在西藏军区军史馆里，使游客能倾听到西藏社会短短几十年、跨越上千年的发展史。

（七）西北区域

1. 西北区的红色旅游环境及特色资源解读

（1）西北区红色旅游环境

西北五省区（宁夏、甘肃、新疆、陕西、青海）作为我国革命历史文化遗存的重要区域，红色旅游资源丰富、品级较高、特色鲜明、分布广泛，发展优势明显。目前已形成以延安为龙头、陕西为带动、其他省区共同发展的良好态势。陕甘宁红色旅游区的主体形象"延安精神、革命圣地"和新疆特有的"兵团精神"日益深入人心；随着国防科技快速发展，青海原子城、酒泉卫星城红色旅游影响力不断扩大。区域红色景区景点日益丰富，教育功能更加强化，宣传推广力度不断加强，群众满意度不断提升，市场认知度不断提高，这为西北五省区红色旅游持续跨越发展奠定了良好基础。从发展情况来看，陕西省红色旅游起步最早，发展最快；甘肃省发展势头强劲，游客接待量和收入增速与陕西持平；青海、宁夏、新疆发展相对较弱，但势头良好。2013年，红色旅游游客接待量远超百万人次，发展后劲十足。在中央和地方共同推动下，西北五省区红色旅游取得了一定成绩，成为部分区域社会经济发展新的增长点。但由于西北五省区大多是我国老少边穷地区，经济基础较差，红色旅游资源大多分布在国家贫困市（县），这在很大程度上制约了西北五省区红色旅游发展。总体来看，其发展依然存在以下五大方面问题：第一，红色旅游资源保护和产品创新力度不够，吸引力不足。第二，基础设施建设相对滞后，接待能力有限。第三，景区管理体制机制不顺，制约发展速度。第四，景区主动营销意识不强，坐等游客上门现象严重。第五，区域合作多处于理念层面，实践效果不明显。

（2）西北区的红色旅游特色资源

宁夏不仅拥有高品位和鲜明特色的红色旅游资源，而且是我国面向西南开放和"丝绸之路经济带"的重要战略支点，在经济发展战略中具有举足轻重的作用。宁夏曾是古丝绸之路上东西部交通贸易的重要通道，特殊的地理位置和民族文化旅游资源成为"丝绸之路经济带"上欧亚内陆合作的重要载体。宁夏凭借着宝贵的红色旅游资源已被列入全国12个重点红色旅游区之一的"陕甘宁红色旅游区"。宁夏旅游资源数量众多、特色鲜明，已经融入社会、生活、文化、教育等各领域，包括实物形态红色革命英雄纪念碑、革命遗址、六盘山红军长征红色旅游系列景区及红色诗词、革命故事等非物质文化，红色旅游以其丰富的形式和新颖的内容实践了社会主义核心价值观的传播机制。目前，宁夏共有8个红色旅游经典景区，除六盘山红军长征景区、将台堡红军长征会师纪念园外，其余6个分别为西吉县兴隆镇单家集红军长征遗址、泾源县老龙潭革命烈士纪念亭、同心县陕甘宁省豫海县回民自治政府旧址、红军西征纪念园、豫旺堡西征红军总指挥部旧址以及盐池县革命烈士纪念馆。

红一、二、四方面军都曾经过甘肃。甘肃革命活动规模大、活动范围广、停留时间长、革命活动复杂曲折同时中国革命的高级将帅大都到过甘肃发生了一些重要的革命历史事件。这些决定了甘肃红色旅游资源具有资源量大、分布广、多伟人住宿地和重要革命历史事件遗址的特点，具有重大的保护和开发价值。但由于甘肃只是红军的过境，大部分情况处在转战和行军中停留时间较短的地方，这使得资源总量虽大但分布零散、单个资源地资源遗存少，而且重要历史的承载物不足，都以红军留下的文史资料和生活用品为主，体量小景观平淡，保存不完整；同时，不同的资源地间具有极大的相似性，且缺少知名景区。

自古以来，新疆各族人民团结一致，守卫边疆、建设边疆，维护国家统一，反对分裂祖国，做出了巨大贡献，涌现出许多可歌可泣、感人肺腑的故事，也留存了丰富的历史，成为新疆独特的红色旅游资源。新疆红色旅游资源与观光旅游资源、探险文化、民俗旅游资源交融辉映，既各具特点又相互衬托。而红色旅游资源的形成，又与新疆传统丝绸之路文化具有不可割裂的依存关系，形成了新疆红色旅游的兼容性与丰富性。新疆土地广阔，历史源远流长，各民族共生并存，以及丰厚多彩的历史文化蕴涵，形成了浓郁的神秘色彩。同时，近现代的社会发展与变迁，又形成了与内地红色旅游资源迥然不同的地域及文化鲜明性。屯垦戍边及军垦文化，是新疆红色旅游的重点。军垦文化与本土文化水乳交融，积淀出独特的西部军垦文化，其历史遗存及精神内涵独具魅力，堪称新疆瑰宝，不仅品位高，且具有明显的不可替代性。

陕西是中国旅游大省。深厚的历史文化底蕴和垄断性旅游资源在国内外享有极高的知名度。自改革开放以来,陕西省旅游业取得了长足发展。现代化的西安咸阳机场和纵贯全省的高级公路使旅游者消除了鞍马劳顿;旅行社遍布大街小巷;星级旅游饭店遍布全省优质服务使旅游者感到宾至如归;特别是以关中历史文化为特征的"古色观光旅游"、陕北以革命根据地为标志的"红色旅游"和陕南以秀美风光为吸引力的"绿色生态旅游"既风格迥异、各具特色又互相协调、互为补充,进一步提升了陕西旅游的内涵和魅力。旅游业在陕西社会经济发展中的重要作用已日益强烈地显现出来。但由于陕西地处西部经济欠发达地区,在过去相当长的一段时间内,在产业升级改造、产品创新、智能化建设、资本市场培育、管理创新、软硬件建设、环境治理等方面和国内发达地区相比还有较大差距,使得陕西旅游业对经济和社会发展的贡献率与所占有的旅游资源不相称。随着"一带一路"倡议的提出以及中国旅游业的快速发展,旅游业发展不断提出新命题、新业态、新模式。陕西旅游业如何抓住机遇,快速发展,从旅游大省变为旅游强省,使旅游业真正成为陕西经济的支柱产业,对促进陕西旅游业以及中国省域旅游业高质量发展具有重要意义。

青海由于历史原因红色旅游资源不是非常丰富,但长期以来,充分发挥其独特的红色遗址遗迹优势,注重深入挖掘红色内涵,发扬红色传统,传承红色基因,积极打造"红色、绿色、特色"三色融合发展的旅游产业,大量革命历史文化资源得到有效保护和合理利用,红色旅游线路体系基本形成。推出的"寻访两弹一星精神、原子城探秘之旅""放飞心情环湖之旅"等红色旅游线路,受到广泛欢迎和赞誉。

2. 宁夏红色旅游资源赏析与游线设计

(1) 宁夏红色旅游资源赏析

首先,作为以民族特色文化为主体的旅游资源开发,宁夏具有强有力的地域优势。宁夏位于我国的西部地区,与内蒙古、陕西相邻,自古以来都是我国东西进行贸易往来的必经之路。现如今,在《推动共建丝绸之路经济带和21世纪海上丝绸之路的愿景与行动计划》中明确指出,充分发挥宁夏的独特区位优势以及向西开放窗口的重要作用,这为加强与拓宽同中、南、西亚等地区国家进行经济文化往来奠定了强有力的基础,也为形成"一带一路"倡议中的西部交通要塞、商贸文化中心提供了有利条件,进而打造出"丝绸之路经济带"上的核心区这既为宁夏的经济发展提供了便利的交通,更是宁夏发展特色文化旅游的机遇。

其次,宁夏的回族民俗文化独具特色,其总人口660多万人,其中回族人口236万多人,占全区总人口的35.70%,占全国回族人口五分之一,是我国最大的回族聚集之地,更是唯一的省级回族自治区。宁夏具有种类多样、味道鲜美的回族饮食,有数量众多的清真寺建筑,有独具特色的节庆活动,这为发展以回族特色文化为主体的特色旅游开发提供了保障。宁夏具有厚重多样的历史文化资源，它是西夏文化的发源地，也是边塞文化、丝路文化、岩窟文化的重要呈现之地。最能体现出西夏文化的就是坐落在银川市西夏区的西夏王陵，王陵中的各种建筑、地域环境都展现出了党项族在称霸一方的过程中，以党项族文化为核心，吸收中原文化所形成的特色融合，这对外地游客具有很强的吸引力。此外，宁夏自古就是重要的军事基地，史书所载的周、汉均在这里发生征战，大唐与吐鲁番抑或宋与西夏都将这里当成必争之地，这种种都与古代丝绸之路有着密不可分地联系，如今他们屹立在这古老的文化历史之城向世人展现出东西方文化交流与融合。

另外，宁夏还具有得天独厚的自然地理资源。依据最新的数据可知，宁夏回族自治区在自然旅游资源的占有方面达到全国的33.3%，比重高达三分之一，囊括了山岳、沙漠、草地、森林、湖泊、湿地等多种类型。例如，在山岳这一类型中，雄伟壮丽、山峦叠叠的贺兰山最具有代表性，山道中更有着被誉为游牧民族"艺术长廊"贺兰山的岩画，描绘出了悠久历史，揭示出了原始氏族部落的文化内涵，这更是发展特色文化旅游的多样化奠定了基础。

（2）宁夏红色旅游游线设计

宁夏是一个有着光荣革命斗争历史和传统的地区，中国革命历史上的诸多重大事件都发生在这里，众多领袖人物在这块土地上留下光辉的足迹。这里曾是红军长征走向胜利的重要根据地，宁夏六盘山是中国工农红军长征翻越的最后一座大山。所以红色线路主要以长征的红色风光为主。如今，宁夏借助铁路交通网络，打造"旅游+铁路"的新模式，已走上了"红色战史线，四个红色文化片区，六大红色经典景区"等红色旅游资源格局构筑的"新长征"之路，将延续和传承红色文化。

线路1：固原三日游，线路景点包括六盘山红军长征景区→六盘山国家森林公园→老龙潭革命烈士纪念亭→小岔沟毛泽东长征宿营地→乔家渠毛泽东长征宿营地→任山河烈士陵园→将台堡红军长征纪念碑→兴隆镇单家集红军长征遗址。宁夏六盘山是中国工农红军长征翻越的最后一座大山，因此被誉为红军长征"胜利曙光之山"，也可以说是中国革命胜利的曙光之山。来到六盘山红军长征纪念馆，透过400余幅珍贵照片、220件文物、30多件艺术品、场景复原等纪念馆资料，重读红军长征历史；登上海拔约2800米的六盘山红军长征景区，放眼宁夏大地，体会当年红军之热血激昂，黄土高原之上，西陲分水岭之巅的云海、霞光、林海交相辉映，环顾当下，六盘山山花灿烂。宁夏人早已将缅怀先烈的心情融入发展全域旅游的激情之中，山水资源和美丽田园风光日益成为当地人自豪的事业。

线路2：银川吴忠两日游，线路景点包括永宁县中华回乡文化园→宁夏移民博物馆→安定堡古城→盐池县革命烈士纪念园→盐池县苏维埃纪念馆→同心县清真大寺→同心县预旺古城→同心县中国工农红军西征纪念园→同心县陕甘宁省豫海县回民自治政府旧址。"红军西征纪念园"坐落于宁夏中部的同心县城南郊,是国内唯一一家以红军西征为主题的纪念场所。行走于此红色旅途,将能一睹"中华回乡文化园",这也是我国目前唯一的以回族文化为主题的旅游景区。"预旺古城"距离同心县城仅72公里,这座西北边陲的古城曾经是西征红军指挥部,美国记者斯诺曾在预旺发表了演讲并写了《西行漫记》一书,书中留下了他对中国工农红军的记忆,以及在宁夏的所见所闻,在世界上引起了极大的轰动,宁夏的红色土地之名从此不胫而走。走进"将台堡三军会师纪念馆",一同见证当年红军三大主力胜利会师的宏伟场面。中国红军长征从这里走向了胜利,而当下,宁夏人将红色旅游资源融入现代旅游产业的新长征的征途还在脚下。

在新时期新农村建设,特别是电视剧《山海情》的流传,更是让宁夏浓厚的乡土气息与民族团结成果紧密结合,在西北内陆省区走出一条"翻身西海固,农旅新宁夏"的美丽乡村旅游线路。其中自治区五市因地制宜,设计了以下28条反映新时期新农村、美丽乡村建设成果的线路。

其中银川市共有8条美丽乡村游线,分别是贺兰山东麓休闲度假游(西夏区山上人家→兰菲生态庄园→古夏山庄→志辉源石酒庄→红柳湾山庄→仁益源酒庄→万义生态园)、贺兰山东麓康养度假游(西夏区兰一山庄→新牛庄园→贺兰山漫葡小镇→镇北民宿村)、贺兰县休闲农业观光游(贺兰县稻渔空间乡村生态观光园→光明渔村→马莲湖农庄→金沙农庄→新民庄园)、贺兰县休闲农业观光游(贺兰县金贵牡丹花乡→兰健欢乐谷→通义稻香村→艺丰四季田园→天骏青青生态园)、金凤区美丽乡村游(金凤区丰登镇润丰村→利思田园蜜语农业生态产业园→高家大院→良田镇园子村→和顺新村→森淼生态旅游区)、永宁县乡村体验游(永宁县闽宁镇原隆村→览翠酒庄红→树莓生态园→佳闽现代农业采摘园→三沙源田园综合体→鹤泉湖)、兴庆区乡村休闲游(兴庆区凤凰花溪谷→五渡空间→广勤垂钓→五渡桥农庄→艾伊薰衣草庄园→开心林场农家乐→塞上田园休闲农业生态园)和灵武市农业观光采摘体验游(灵武市溪上青青草→茗秀花语生态园→长枣庄园→御膳坊休闲农庄→银湖沙漠小镇→夏能蜜瓜小镇)。

石嘴山市共有乡村旅游线路3条,分别是大武口区乡村休闲度假游(大武口区龙泉村→龙泉山庄→贺东葡萄酒小镇→贺翔通航旅游小镇→华夏奇石山文化旅游区→硒有田园)、平罗县乡村休闲度假游(平罗县黄渠桥旅游小镇→高仁乡六顷地村怀旧文化基地→蕾牧高科生态园→沁园生态观光园→庙庙湖生态旅游度假区)以及惠农区乡村休闲度假游(红果子特色小镇大地天香旅游区→方歌农庄→银河湾湿地公园→金岸红柳湾生态园）。

吴忠市共有乡村旅游线路6条，分别是利通区美丽乡村休闲游（灵芝生态园→光耀美食街→石佛寺村民俗文化村→葡源农庄→张家大院→林枫生态园）、利通区美丽乡村养生游（强家老醋文化养生园→牛家坊村→桃园农庄→牛家大院→依林小镇→海军生态农家园）、青铜峡市美丽乡村休闲游（青铜峡市叶盛地三产业示范村→富汇龙门民俗村→大青葡萄长廊采摘园→清逸园休闲农庄→大坝韦桥古灌区乡村文化公园→龙海旅游街区）、红寺堡区生态康养游（西川特色产业示范村→乌沙塘红梅杏基地→龙泉甜瓜基地→马明手抓→永新村→红粉佳荣酒庄→移民旧址）、盐池县生态康养游（盐池县明长城遗址公园→兴武营村→喜格格农家乐→哈巴湖生态旅游区→园林人家→曹泥洼民俗村→何家大院）以及同心县乡土研学体验游（同心县红军西征纪念园→同心县非物质文化遗产展览馆→河西镇菊花台枸杞采摘园→乡巴里农家乐）。

固原市共有乡村旅游线路7条，分别是原州区生态休闲度假游（原州区杨郎古镇→三营刘姥姥农庄→彭堡姚磨冷凉蔬菜基地→柳林庄园→河川牡丹山庄）、隆德县六盘度假游（六盘山长征景区→六盘山文化城→神林乡辛平村→神林山庄）、隆德县研学度假游（隆德县老巷子→新和村→魏氏砖雕传承保护基地→盘龙山庄→杨氏泥塑传承保护基地→前庄村→伏羲崖北联池→花田云海田园综合体）、西吉县研学度假游（将台堡红军会师纪念馆→红军寨→龙王坝村→王民堡田园度假村）、泾源县生态休闲避暑游（六盘山森林公园→泾河源旅游小镇→冶家村→野荷谷→八方隆美食街区）、泾源县生态文化消夏游（20公里旅游服务带→花田花海→香水堡精品民宿→王洛宾文化园→杨岭特色产业示范村）以及彭阳县生态乡土度假游（金鸡坪梯田公园→乔家渠红军长征毛泽东宿营地→茹河度假村→茹河瀑布风景区→青云湾梯田公园→江南农庄→友联农家大院）。

中卫市共有乡村旅游线路3条，分别是沙坡头区休闲度假游（黄河人家度假村→森沃农业科技采摘园→北长滩村→黄河宿集精品民宿→沙坡头村）、中宁县康养度假游（黄羊古落→余丁万亩花海→杞菊红生态乡村旅游基地舟塔特色产业示范村→枸杞博物馆→功夫驴休闲山庄→玺赞枸杞庄园）、海原县民俗风情游（海原县九彩坪景区→郑旗乡盖牌村→天都老庄生态旅游村→西安镇→关桥梨花小镇）。

特别是在建党百年之际，西海固脱贫壮举的实现也萌生了乡村旅游扶贫示范村休闲度假游线，该游线途经盐池县花马池镇曹泥洼村→红寺堡区柳泉乡永新村→同心县张家塬乡张家源村→原州区张易乡大店村→泾源县泾河源镇冶家村→泾源县大湾乡杨岭村→隆德县神林乡辛平村→彭阳县城阳乡杨坪村→西吉县龙王坝村→海原县郑旗乡盖牌村，在继往开来的新时期宁夏美丽乡村建设中留下浓墨重彩的一笔。

3. 甘肃红色旅游资源赏析与游线设计
（1）甘肃红色旅游资源赏析

1935年9月，红一方面军在毛泽东、周恩来等同志的领导下，由川北进入甘肃南部攻克天险腊子口，到达甘肃哈达铺，从此红军离开雪山草地进入甘肃中部，后翻越六盘山，经陇东地区到达陕北革命根据地与陕北红军会合。1936年8月，红二方面军踏着红一军的足迹进入甘肃，到达哈达铺后军分两路，四方面军为左路，先后占领了漳县、渭源围攻临洮，再东进陇西、通渭，到达会宁，二方面军为右路，经西河、礼县、武山东进，占领成县、徽县、康县、两当，后突破天水、盐关间敌人封锁线，度过渭河，西进会宁。10月初，红军三大主力会师于会宁，实现了革命力量的胜利大汇合。1936年10月11日，西路军开始西征，向西行进三千多里，穿越整个河西走廊，最终到达新疆的星星峡，其间谱写了高台战役悲壮的历史。在陇东，1927年，刘子丹、谢子长等共产党人进入华池县南梁地区开展革命活动，并先后建立南梁游击队、陕甘边区革命根据地、陕甘边区苏维埃政府，使陕甘边区革命根据地巩固和扩大。最终，与陕北根据地连成一片成为红军长征的最终落脚点。红军的足迹踏遍了甘肃大地，在红军所到之处留下了大量的遗迹，保留了毛泽东、周恩来等伟人的住宿旧址，留下了大量的革命历史时期的标语、文件、决议、书信、电报、印章、宣传刊物、党员证、货币、地图等珍贵资料，马刀、手榴弹、子弹、文件箱、水壶、干粮袋、草鞋等珍贵文物。这些都是他们在革命征程中艰苦生活和顽强斗争的佐证，是新时期发扬党的优良传统、砥砺革命斗志的宝贵教材，也是甘肃红色旅游发展的重要承载物。

甘肃革命历史是中国革命历史中的重要组成部分，在甘肃发生的一系列重要革命历史事件，对中国革命都产生重要影响，这些革命事迹和其中蕴涵的革命精神成为今天重要的红色旅游资源。腊子口战役的胜利为红军打通了一条北上的通道，使红军顺利进入甘肃得到休整。从哈达铺"报纸定方向"和红一军整编到榜罗会议正式做出"把长征的落脚点放到陕北"的伟大决定，促使了长征红军与陕北根据地的会合，保存和壮大了革命力量。通过三军会宁胜利会师实现了革命力量的大会合，完成了中国革命胜利的重大转折。高台战役中红五军遭到六倍敌人的包围，在与敌人进行了七昼夜的殊死搏斗后，弹尽粮绝，3800多位红军指战员壮烈牺牲，充分展现了革命先烈英勇顽强、不畏艰险、坚贞不屈、视死如归的崇高精神。八路军驻兰州办事处活动历时6年，在营救西路军将士、推进抗日民族统一战线加强同苏联联系、指导甘肃工委工作、为延安输送进步青年接待有关过往人员和转运抗战物资方面都做了大量卓有成效的工作。陕甘宁边区根据地通过长期的革命壮大了革命力量，在长征中接应和帮助中共中央和陕甘支队顺利到达陕北抗战期间在华池南梁建立的抗大七分校，为革命输送了大批人才，大凤川的军民生产基地给陕北输送了大批物资，作为陕甘边区的大后方长期艰苦奋斗支援前线保卫党中央，为革命做出了重大贡献。

在这些重要革命历史的基础上形成了甘肃的八大红色旅游资源地。以腊子口战役遗址为中心，现存有腊子口战役纪念碑、俄界会议遗址、茨日那毛泽东故居、红军长征栈道、红军桥、腊子隘口当年红军攻打敌方之堡垒等防御工程；在哈达铺镇保留有明清古建筑一条街，现建有哈达铺红军长征纪念馆馆内现存文物5000多件、红军长征将领题词108幅，另有毛泽东和张闻天住宿旧址、"义和昌药铺"、红一方面军司令部及周恩来住宿旧址等革命遗址；在岷州会议遗址处建有岷州会议纪念馆，馆内陈列着1935年9月18日毛泽东抵达岷县南部麻子川时的电令全文、当时制定的《回民地区守则》全文、革命先烈的照片及英雄事迹简介等大量的革命历史文献和军阀鲁大昌的罪恶事实等资料；榜罗镇革命遗址现存榜罗会议纪念馆、红军住宿一条街、红军将帅住宿旧址等，在通渭县还留下了县城南苑红军文艺晚会遗址、华家岭战役遗址、义岗川烈士陵园等。在会宁县的红军长征会师旧址建成红军长征会师纪念塔、红军会师革命文物陈列馆等，馆内展有三军会师过程留下的珍贵史料。八路军兰州办事处旧址保存完好，在该处已建成纪念馆，馆内藏有西路军征战的珍贵历史资料等。华池南梁现存有陕甘边区苏维埃政府旧址、南梁革命纪念馆、列宁小学、阎家瓜子会议遗址、抗大七分校遗址和大凤川军民生产基地遗址等。高台战役遗址处1957年建成高台烈士陵园，朱德同志亲笔书写"烈士陵园"园名，被国务院命名为全国重点烈士纪念建筑物保护单位，内建有烈士纪念堂、红西路军战史陈列馆和"血战高台"大型花岗岩群雕等。这些重要红色旅游资源地成为甘肃红色旅游开发的基础。

（2）甘肃红色旅游游线设计

红色南梁主题旅游线：兰州→会宁（红军长征会师旧址）→静宁县（中国工农红军长征界石铺纪念园）→镇原县（三岔红军长征纪念馆）→庆城县（八路军一二九师三八五旅驻地旧址、陇东中学旧址、陇东分区纪念馆）→华池县南梁红色旅游景区（列宁小学旧址、南梁革命纪念馆、军民大生产纪念馆、抗大七分校旧址）→合水县（陕甘红军纪念园）→延安。

西路军英雄史诗主题旅游线：兰州→张掖七彩丹霞→临泽大沙河景区→汪家墩战场遗址→临泽县梨园口战役纪念馆→三道柳沟战斗遗址→中国工农红军西路军纪念馆→高台大湖湾→河西解放纪念馆→山丹马场→焉支山→艾黎纪念馆。

红色丰碑主题旅游线：甘南迭部（俄界会议遗址、腊子口战役遗址）→宕昌（哈达铺红军长征纪念馆）→岷县（岷州会议纪念馆）→临夏（康乐景古红色政权革命纪念馆）→兰州（兰州八路军办事处纪念馆、兰州战役纪念馆）。

在"疫去春来·江山多娇"全国精品主题旅游线路征集展示活动中，甘肃推出了4条精品主题旅游线路，其中"两点一存，红色励志"主题旅游线是与红色旅游相关的。甘肃是红色文化资源大省，遍布全省的720余处红色遗址遗迹在中国革命史上具有特殊重要的地位，是"两点一存"的革命圣地，也是新中国石油化工、有色冶金等重工业的摇篮，"南梁精神""会师精神""铁人精神""航天精神"是宝贵的精神财富。以红色南梁、两当火种、腊子口天险、会宁会师、祁连壮歌等陇原红色旅游品牌为重点的红色励志主题旅游线，成为培育和践行社会主义核心价值观、接受红色革命洗礼的生动课堂。

这一主题一共有3条线路推荐。

线路1：兰州（兰州八路军办事处）→定西（通渭县榜罗镇会议遗址）→会宁（红军长征会师旧址）→静宁（界石铺红军长征纪念园）→庆阳（红色南梁）→延安。

线路2：甘南迭部（俄界会议遗址、腊子口战役遗址）→宕昌（哈达铺红军长征纪念馆）→岷县（岷州会议纪念馆）→定西（通渭县榜罗镇会议遗址）→会宁（红军长征会师旧址）→靖远（虎豹口渡口）→兰州（兰州八路军办事处）。

线路3：兰州（兰州八路军办事处）→武威（西路军武威战斗遗址）→临泽县（倪家营战役遗址）→高台（中国工农红军西路军纪念馆）→安西（星星峡旧址）。

甘肃，一个在戈壁滩上崛起的省份，在中国革命历史进程中发挥了不可替代的重要作用，利用好、传承好红色资源，让革命的火种在陇原大地上生根发芽开花结果，在新时代焕发出更加绚烂夺目的光芒。

线路1：千年换天风情游：甘肃博物馆→甘肃酒泉卫星发射中心→丝绸之路博物馆→嘉峪关城市博物馆。甘肃省博物馆是国内最早成立的综合性地志博物馆之一，极大地丰富广大人民群众的精神文化生活，为开展对外文化交流，为甘肃建设华夏文明保护传承和创新发展示范区不断做出新的贡献；中国航天第一港酒泉卫星发射中心，是代表我国航天技术先进水平的一个高科技航天试验和发射基地；博览园重启丝路千年复兴梦想，鸿篇史诗已开始谱写，现在"丝绸之路"将伴随着中华文明新一轮复兴，重新走到世人面前；嘉峪关城市博物馆以嘉峪关发展进程为主线，以长城文化和丝路文化为纽带，以大量珍贵图片和实物展示为基础，以生动形象的场景复原、多媒体演示及互动为依托，展示了"戈壁明珠"嘉峪关的历史文化、文物古迹、风土人情、民族风格，从戈壁荒滩到如今绿树成荫、繁花似锦的现代化城市的发展历程。

线路2：甘肃新农村风情游。包含12条贯穿甘肃省全境的新时期美丽乡村风情游线。其中，千年古镇体验游（兰州→河口古镇→西固区河口村）让游客在甘陇大地纵览千年古镇的历史人文脉络；漫山花园畅享游（兰州→城关区头营村→漫山

GARDEN)、花漾之旅田园游（兰州→白银市顾家善村→白银水川湿地公园）、郁金花海观赏游（兰州→刘家峡景区→郁金香花海→太极岛→临夏州大川村）、河州牡丹风情游（兰州出发→临夏市→东公馆→八坊十三巷→临夏州临夏市折桥镇折桥村）5条游线能够使得游客全身心感受西北民乡花海的别样风情。梯田王国体验游（兰州→关山朝那湫景区→平凉市上寨村→庄浪梯田）、牧光藏寨体验游（兰州→夏河县→甘南州香告村→拉卜楞寺→米拉日巴佛阁→美仁草原）、山水相依观光游（兰州→冶力关风景区→甘南州花山村）、武山古城养生游（兰州→水帘洞景区→天水市温泉村→卧牛山森林公园）、天堂如歌生态游（兰州→祁连冰沟河景区→武威市天堂村→"八步沙"林场）、鸣沙月牙风情游（河西→鸣沙山·月牙泉→敦煌市牙泉村→莫高窟）、往昔玉门体验游（河西→赤金峡水利风景区→玉门市铁人村→魔山地质公园→老君庙）7条游线在纵穿甘陇大地、黄河沿线美丽乡村建设示范点的同时，也能为游客提供自然生态与乡土风情完美契合的旅游线路产品，全面展示新时期甘肃新农村、美丽乡村建设的成就。

4. 新疆红色旅游资源赏析与游线设计

（1）新疆红色旅游资源赏析

新疆红色旅游资源，因其独特的自然环境、社会文化的地域性差异形成了丰富多彩的资源类型。新疆是一个多民族聚居和多种宗教并存的地区，从西汉开始成为中国不可分割的组成部分。自公元前60年设"西域都护府"之后中国历代中央政府都对新疆进行军政管辖。各族人民在新疆历史长河中，留下了许多具有丰厚文化内涵的历史遗迹，写下了许多可歌可泣的故事。各民族人民团结协作，奋发开拓共同谱写了开发、建设、解放、保卫边疆及维护国家统一的辉煌篇章，成为爱国主义传统教育、开展红色旅游的丰富题材。

在中国共产党的领导下，新疆各族人民推翻帝国主义、封建主义、官僚资本主义三座大山的民族、民主解放斗争经历了可歌可泣、英勇壮烈的斗争历史，留下了三区革命烈士、中国工农红军西路军及八路军、人民解放军的一系列遗址、纪念地，构成了中国人民争取民族独立、人民解放伟大事业的组成部分，成为各族人民特别是青少年接受党和国家政治历史、文化教育的鲜活课本。

新疆各族人民艰苦奋斗、奋发图强使新疆经济和社会各项事业迅速发展；国民经济快速增长，农业综合生产能力显著提高，石油等工业实力迅速增强，水利建设成果显著，交通通信突飞猛进，形成了一大批包括国防科研在内的现代化基础设施，成为革命传统、民族精神的有力体现，是红色旅游的重要资源。自古以来，新疆各族人民共同谱写了维护祖国统一的历史篇章。自中华人民共和国成立以来，中国政府为实现国内各民族的平等、团结和共同发展，制定了一系列民族政策和宗教政策，并

在实践中不断丰富和完善。包括新疆在内的中国各民族团结和谐，是中国人引以为自豪的财富。体现爱国主义、民族团结的遗址、纪念设施等同样应列入红色旅游范畴。

屯垦戍边是中国人开发和保卫边疆的历史遗产。这对统一国家，巩固边防，促进新疆社会和经济发展都产生了重要的历史作用。中央政府在新疆的大规模屯垦戍边始于西汉，并历代相袭，至今已有2000多年的历史。1954年10月7日成立的新疆生产建设兵团，则是这一历史经验在新的历史条件下的继承和发展。兵团人"生在井冈山、长在南泥湾、转战数千里，屯垦在天山"，兵团人文旅游资源随着屯垦事业的大发展而更加丰富，使得不尽相同的文化、风俗在兵团相互交融，形成了浓郁的军垦文化特色，其开拓性、群众性、开放性、多元性以及东西方文化、各民族文化特点，使兵团人无私奉献的精神、战无不胜的勇猛、艰苦卓绝的斗志交融其中，交织成魅力四射的军垦文化。

（2）新疆红色旅游线路设计

线路1：东疆线——新疆东大门，英雄魂长存。

线路设计：乌鲁木齐→哈密→星星峡→伊吾→巴里坤→奇台→乌鲁木齐；敦煌→星星峡→哈密→伊吾→乌鲁木齐。

主要景点：八路军驻疆办事处、西路军总支队旧址、毛泽民故居、烈士陵园、解放军进军新疆纪念碑、西路军进疆纪念园、哈密烈士陵园、哈密回王府、白石头景区、伊吾烈士陵园、巴里坤湖、奇台烈士陵园、硅化木园、北庭故城、天山天池等。

线路2：北疆线——屯垦守边防，建设新边疆。

线路设计：乌鲁木齐→阿勒泰→克拉玛依→塔城→伊犁→石河子→乌鲁木齐；乌鲁木齐→石河子→克拉玛依→小白杨哨所；喀纳斯→克拉玛依→石河子→乌鲁木齐；乌鲁木齐→石河子→三区革命纪念地。

主要景点：八路军驻疆办事处、毛泽民烈士故居、喀纳斯、魔鬼城、百里油田、矿史陈列馆、孔繁森纪念馆、小白杨哨所、阿拉山口口岸、那拉提草原、林则徐纪念馆、伊犁将军府、三区革命政治文化活动中心及烈士陵园、三区革命政府旧址等、伊宁市汉家公主纪念馆、锡伯族西迁纪念园、军垦博物馆、周恩来总理纪念馆等。

线路3：南疆线——大漠创辉煌，民族情谊深。

线路设计：乌鲁木齐→吐鲁番→库尔勒→和田→喀什→阿克苏→库车→乌鲁木齐；乌鲁木齐→塔里木垦区→沙漠公路。

主要景点：达坂城、葡萄沟、坎儿井、苏公塔、交河及高昌故城、博斯腾湖、尼雅遗址、人民解放军进军和田纪念碑、三五九旅革命历史陈列馆于田县库尔班大叔故居、疏附县帕哈太克里乡毛主席回信纪念馆、克孜尔千佛洞、天鹅湖喀什大巴扎、天山大峡谷、塔克拉玛干沙漠公路等。

新疆还推出了10条红色旅游精品线路，10条红色旅游精品线路依托南北疆丰富的红色旅游资源精心打造，线路涵盖了"西路军进疆红色旅游线路""屯垦戍边旅游线路""传承红色基因旅游线路"等多方面。

线路1：乌鲁木齐红色旅游线：红山公园→八路军驻新疆办事处纪念馆→乌鲁木齐市烈士陵园→自治区博物馆→毛泽民故居→中国工农红军西路军总支队纪念馆。

线路2：昌吉红色旅游线：乌鲁木齐→五家渠军垦博物馆、青格达湖→昌吉红色记忆博物馆、昌吉烈士陵园、回民小吃街。

线路3：伊犁红色旅游线：伊宁→霍尔果斯国门景区→可克达拉风情园→惠远古城（伊犁将军府）→察布查尔锡伯古城→伊宁老城区（林则徐纪念馆、伊宁烈士陵园）。

线路4：塔城→克拉玛依红色旅游环线：塔城（红楼博物馆、伟人山、巴克图口岸）→裕民巴尔鲁克山（小白杨哨所、孙龙珍军垦烈士陵园）→裕民巴什拜展览馆→托里烈士陵园、黑油山、克拉玛依一号井→乌鲁木齐。

线路5：吐鲁番→哈密红色旅游线：乌鲁木齐→吉木萨尔北庭故城遗址→奇台县博物馆→巴里坤古城→伊吾县烈士陵园、伊水园、胡杨林→哈密市红军西路军进疆纪念园、哈密王景区→鲁克沁镇→吐鲁番（高昌故城、交河故城、坎儿井、博物馆）→乌鲁木齐。

线路6：石河子红色旅游环线：乌鲁木齐→石河子军垦城（军垦博物馆、周总理纪念馆、艾青诗歌馆）→石河子军垦第一连→小李庄军垦旧址→驼铃梦坡景区→乌鲁木齐。在这条线路中游客可以游览新疆兵团军垦博物馆、艾青诗歌馆、军垦第一连、小李庄军垦旧址、驼铃梦坡景区等地。这条线路以石河子市军垦文化为依托，游客在游览时可以深刻体会到老一辈革命家无私奉献，建设祖国边疆的精神。

线路7：巴州红色旅游线：库尔勒→铁门关→达西村→罗布人村寨→若羌楼兰文化小镇、米兰古城→且末昆仑玉文化小镇→塔克拉玛干沙漠→塔里木胡杨林公园→轮台西域都护府文化小镇→博斯腾湖→和硕马兰红山军博园→乌鲁木齐。

线路8：阿克苏红色旅游线：阿克苏→柯柯牙绿化工程、阿克苏博物馆→阿瓦提刀郎部落→阿拉尔三五九旅屯垦纪念馆→沙雅胡杨林→库车老城区、林基路烈士纪念馆。在这条线路中，游客除了参观柯柯牙绿化工程外，还可以游览阿拉尔三五九旅屯垦纪念馆、林基路烈士纪念馆等，阿克苏地区用旅游线路将博物馆串联起来，传播红色文化。

线路9：喀什红色旅游线：喀什老城区→班超纪念公园→张骞公园→疏勒县烈士

陵园→莎车木卡姆文化小镇→泽普金湖杨国家森林公园→叶城烈士陵园、邓缵先纪念馆→喀什。

线路10：和田红色旅游线路：和田博物馆、王蔚纪念馆→墨玉老城→兵团第十四师47团解放军进军和田纪念馆→乌鲁瓦提风景区→达玛沟遗址→库尔班·吐鲁木纪念馆→和田。

5. 陕西红色旅游资源赏析与游线设计

（1）陕西红色旅游资源赏析

陕西是全国红色文化资源最丰富的地区之一，涵盖了中国革命的各个时期，数量多、分布广、影响大。据2010年普查统计显示，陕西省革命遗址达到2051个，其中，国家级爱国主义教育基地19个、省级爱国主义教育基地30个，具有影响力的红色文化旅游资源486个。

以革命圣地延安为中心，陕西集聚了极具革命性和先进性的丰富红色文化资源，孕育了光照千秋的延安精神是中国共产党以及中华民族的宝贵精神财富，在中国的革命和建设中发挥了巨大的精神动力作用，对中国历史发展进程产生着巨大和深远的影响。

近年来，在陕西省委、省政府的正确领导下，陕西红色旅游发展取得了显著成效。共创建3A级以上红色旅游景区30家，其中10个景区纳入全国一期、二期红色旅游发展《规划纲要》，陕甘宁红色旅游区被列为全国一期规划纲要十二个"重点红色旅游区"之一，西安→洛川→延安→子长→绥德→榆林被列为全国30条"红色旅游精品线路之一"。

针对全省红色旅游资源分布点多且长的实际，陕西加大了不同规模、不同地域红色旅游资源的整合力度，以线串点，以点带面，以建设一流红色旅游目的地为目标，逐步形成了延安市一核带动，关中、陕北、陕南三大片区协调发展，八大复合型线路连线成网的发展格局。

为充分发挥红色旅游资源优势，融合其他各类旅游资源共同发展，陕西大力推动红色旅游与历史文化的"红古结合"与生态旅游的"红绿结合"与黄土文化和民俗文化的"红黄结合"与乡村旅游、新农村建设的"红农结合"，走出了陕西红色旅游发展的新路子。

（2）陕西红色旅游游线设计

在全国30条红色旅游精品线路中，涉及陕西的有1条：西安→洛川→延安→子长→榆林→绥德线。主要红色旅游景点有：西安市八路军西安办事处纪念馆，西安事变纪念馆；延安市洛川县洛川会议旧址纪念馆，枣园旧址，杨家岭旧址，王家坪旧址，凤凰山旧址，清凉山旧址，瓦窑堡会议旧址，"四八"烈士陵园，子长县子长烈士纪念馆。

线路1：西安→铜川→延安→榆林。西安（新城黄楼、张学良公馆、西安事变旧址、人文历史景观）→铜川（陕甘边照金革命根据地旧址、耀州窑博物馆、玉华宫）→黄帝陵→洛川（洛川会议旧址、黄土国家地质公园）→延安（红色旅游系列景区）→子长（瓦窑堡会议旧址、钟山石窟）→榆林（绥德抗大旧址、359旅司令部旧址）→米脂（杨家沟革命旧址、李自成行宫、姜氏庄园）（陕北特委旧址、红石峡和镇北台）→神木（白求恩医院旧址、红三团旧址、红碱淖）→内蒙古方向。

线路2：延安→榆林环线。延安→志丹（毛泽东旧居、烈士陵园等）→吴旗（中央红军长征到达地革命旧址）→靖边（毛泽东旧居、统万城）→榆林→佳县（神泉堡革命纪念馆、东方红纪念园、白云山）→吴堡（党中央东渡旧址）→米脂→绥德→子长。

线路3：西安→渭南→延安。西安→华州区（渭华起义纪念馆、少华山）→蒲城（杨虎城旧居、桥陵）→白水（一野指挥部旧址、仓颉庙）→合阳（洽川黄河湿地）→韩城（八路军东渡旧址、司马迁祠、党家村）→黄龙（瓦子街战役旧址）→宜川（壶口瀑布）→南泥湾→延安。

线路4：西安→铜川→咸阳环线。西安→铜川→旬邑（马栏革命旧址）→淳化（爷台山战役旧址）→泾阳（安吴青训班革命旧址、云阳八路军总部旧址、张家山风景区）→三原（国共合作会谈旧址、城隍庙博物馆）。

线路5：西安→汉中→四川方向。西安→宁陕（毛楚雄烈士陵园）→洋县（红25军司令部遗址、长青生态旅游区）→汉中（三国文化遗迹）→南郑（川陕革命纪念馆、南湖、红寺湖）→四川巴中方向；或汉中→镇巴（四方面军苏维埃政权旧址、红军标语等）→四川万源方向。

线路6：汉中→安康→湖北方向。汉中→安康（安康烈士陵园、瀛湖、南宫山）→旬阳（红军乡、太极镇、蜀河古镇）→湖北神农架、武当山方向。

线路7：西安→商洛→河南方向。西安→蓝田（葛牌苏维埃政府旧址、王顺山、水陆庵）商州（烈士陵园）→丹凤（中央鄂豫陕省委旧址、红三军军部驻地旧址、丹江漂流）→商南（金丝峡）→河南南阳方向。

线路8：西安→宝鸡。西安→宝鸡（扶眉战役纪念馆及烈士陵园、太白山）→扶风（法门寺）。

新时代的陕西，奋力谱写新篇章，在城市建设、科技创新、生态保护等方面取得了卓越成就。走进新时代的陕西，感受新时代的陕西风貌。

线路1：陕西历史博物馆→西安航空基地航空科技馆→米脂高西沟水保生态展览

馆→秦岭人与自然博物馆。陕西历史博物馆是中国第一座大型现代化国家级博物馆,汇集三秦大地文物精华的文化殿堂,是传播中华民族优秀文化和对外文化交流的重要窗口;西安航空基地航空科技馆是我国西北地区最大的以航空为主题的科技馆,近距离了解航空知识,感受航空魅力,不断提升民众科学文化素养;米脂高西沟水保生态展览馆展示了高西沟创新的治理模式,展现了曾经荒芜贫瘠的山沟转变为全国水土保持的先进典型的光荣历程;秦岭人与自然博物馆是一座全面展示秦岭生物多样化的自然生态博物馆,有助于了解整个秦岭的自然生态资源及大熊猫等珍稀野生动植物的保护发展现状,有助于增进人与自然和谐的理念,在宣传秦岭生态文化方面发挥着积极的作用。

线路2:周至老县城→田鲍旗寨→三原柏社村→平利龙头村→咸阳袁家村→韩城党家村。周至老县城以"未曾开发的世外桃源"而为三秦父老所熟知,阡陌交通,鸡犬相闻、日出而作日落而息,家家户户养牛、猪、鸡,种地用的是牛拉犁地,以自然田园原生态塑造老县新居;单冲鲍旗寨在网上被称之为富有神秘色彩的"中国的普罗旺斯",这里沟壑林立,远处环山围绕,近处地里种植规划呈形,拥有37家陕西风味馆子为到访游客提供最真最全的陕西生态餐饮;三原柏社村分布有211座院下沉式窑洞四合院,其中,保存完好的有134院,村落毗邻浊峪河、清峪河、嵯峨山,气候温和,空气清新;平利龙头村被誉为"陕西婺源",传统与现代、田园与民居,在这里得到了近乎完美地诠释,清清的冲水河环村缠绕,行如游龙;新建的村落清一色的徽派农舍建筑在三秦大地熠熠生辉;咸阳袁家村被誉为黄土"小丽江",从一个集体经济村,转变成"关中印象基地",再演变成为"陕西的小丽江",越来越有味道、越来越丰富和越来越精致。这里有各具特色的关中美食,还有传统手工艺制作的各种特产;韩城党家村是国内迄今为止保存最好的明清建筑村寨,被称为"东方人类古代传统居住村寨的活化石",距今660余年。村中有"井"字、"T"字、"十"字形青石铺路,古建筑经久不衰,保存相当完好。

6.青海红色旅游资源赏析与游线设计

(1)青海红色旅游资源赏析

青海省的红色旅游以原子城等景区著名,近些年青海省红色旅游景点的吸引力逐渐增强,成为时下旅游市场的精选路线。据省旅游局相关负责人介绍,近年来,青海省在全国红色旅游协调小组办公室的精心指导下,以中央发展红色旅游的精神为指导,积极培育旅游环境,广泛宣传红色旅游品牌,红色旅游工作取得了积极成效。青海省被列入全国红色旅游景点景区第一、二批名录的有原子城纪念馆、中国工农红军西路军纪念馆、玉树地震纪念设施等。红色旅游已成为青海省旅游业重要组成部分,取得了良好的社会效益和经济效益。为推进红色旅游发展，青海省成立了由发展改革、教育、文化、建设等13个部门组成的红色旅游工作领导小组，科学制定规划并深入挖掘红色旅游文化资源，把红色旅游项目纳入《青海省"十二五"旅游业发展规划》。进一步加强了红色旅游景区的基础设施建设，加快红军西路军纪念馆、原子城、玉树地震遗址、果洛班玛红军沟、青藏线等红色旅游项目建设。同时，编制完成《金银滩草原开发保护规划》《原子城红色旅游景区基础设施建设项目可研报告》等规划，争取国家和省有关部门的支持。根据国家发展改革委要求，青海省重新修建了中国工农红军西路军纪念馆。青海省为整合资源、开发红色旅游产品，省旅游局着眼于红色旅游发展规划纲要，加强区域资源优势互补，共同打造红绿结合的特色旅游品牌，推出精品旅游线路，形成具有极强竞争力的旅游产品，实现红色旅游、生态旅游、乡村旅游联动发展。省旅游局对海北州爆轰场、上星站、原子城纪念馆等进行有效整合，推出了"寻访两弹一星精神、原子城探秘之旅""放飞心情环湖之旅"等红色旅游线路。红色旅游线路自推出以来，有力地带动了绿色旅游和"农家乐"旅游的发展。为加大宣传推介、拓展红色旅游客源、加强红色旅游区域合作，在青海省还举办了全国对口支援青海七省（市）旅游部门和经营红色旅游旅行社负责人培训班。七省（市）旅游部门联合发布《对口支援青海旅游发展宣言》，建立了对口支援组织保障和长效机制，在共同保护青海生态、编制旅游规划等方面给予支持。同时，省外骨干旅行社对"大美青海"主要旅游景区、景点进行深入考察，开发和拓展红色旅游市场。

（2）青海红色旅游线路设计

青海省由于历史的原因，红色旅游资源不是非常丰富，长期以来，充分发挥其独特的红色遗址遗迹优势，注重深入挖掘红色内涵，发扬红色传统，传承红色基因，积极打造"红色、绿色、特色"三色融合发展的旅游产业，大量革命历史文化资源得到有效保护和合理利用，红色旅游线路体系基本形成。

青海省推出的"寻访两弹一星精神、原子城探秘之旅""放飞心情环湖之旅"（西宁市中国工农红军西路军纪念馆→海北州青海原子城遗址→玉树抗震救灾纪念馆→果洛州班玛县红军沟革命遗址→海东市循化县十世班禅大师故居→青藏铁路西宁至格尔木段）等红色旅游线路，受到广泛欢迎和赞誉。线路中涉及的重点红色旅游区：

西宁市中国工农红军西路军纪念馆。该纪念馆始建于1954年，主要由烈士陵园、纪念碑、中国工农红军西路军纪念馆等建筑组成。园内安葬1776位烈士遗骨，包括红军西路军第九军军长孙玉清在内的840位红军烈士。1936年10月，红军长征结束后，面对当时的严峻形势，命令红四方面军第三十军、第九军和第五军西渡黄河，这支部队称"西路军"，陈昌浩、徐向前同志为军政委员会主席、副主席，主要任务是建立

甘、西根据地，打通与苏联的联系，求得国际援助。两万余名西路军将士在河西走廊浴血奋战半年之久，歼敌25000余人，但终因寡不敌众，兵殒河西走廊。

海北州青海原子城遗址。原子城建于1958年，遗址内主要由纪念馆、纪念园、爆轰实验场、地下指挥中心、纪念碑等组成。我国第一颗原子弹、第一颗氢弹均诞生于此，故称为"原子城"。原子城于1995年5月15日退役。

玉树抗震救灾纪念馆。纪念馆是玉树灾后重建的"十大标志性建筑"之一，由地震遗址、纪念馆主体及感恩广场三部分组成。2010年4月14日，青海省玉树藏族自治州玉树市发生6次地震，最高震级7.1级，造成2698人遇难，270人失踪。震后2010年7月到2013年10月，10万援建大军在此进行了一千多个日夜的艰苦奋战，投入1248个重建项目，投资444.36亿元。

果洛州班玛县红军沟革命遗址。班玛作为红军长征唯一途经青海的地方，主要遗迹有红军标语、红军沟、红军哨所、红军桥、红军泉、红军墓、纪念亭等。1936年6月底，红二方面军和红四方面军约2.5万余人进入青海，在班玛地区休整期间，在石壁上写下"北上响应全国抗日反蒋斗争！安庆宣"的标语，至今字迹清晰醒目。这是中国工农红军二万五千里长征唯一经过青海的地方。为了表达对红军的怀念，当地群众把子木达沟改名为"红军沟"。

海东市循化县十世班禅大师故居。故居为一进三院，外院有停车场、杂物房、仓库等；西院是家庭成员住房；东院三面盖有两层藏式楼房，楼北正中为佛堂，其左侧有会客室、大师卧室。整个建筑错落有致，层次分明，极具藏族风情。确吉坚赞（1938—1989年），为第十世班禅额尔德尼，原名贡布慈丹，藏族，青海循化人。1941年被选定为第九世班禅转世灵童。大师先后担任过西藏自治区筹委会副主任委员、全国政协副主席、全国人大常委会副委员长等重要职务，为维护国家统一和民族团结做出了巨大的贡献，是一位伟大的爱国主义者和杰出的佛教领袖。

青藏铁路西宁至格尔木段。该线路是20世纪50年代青藏铁路的一期建设工程，是解放军与工人阶层共同奋斗建设雪域天路的重点写照。随着自西宁至格尔木地势海拔逐步提升，以青海自然风光配以青藏铁路的穿梭，载以"人定胜天""不屈拼搏""誓将铁路修到拉萨"的工人奋斗精神将伴随着每一辆青藏列车在新时期继续书写中华大地最美的通天大路新篇章。

（八）港澳台地区

1. 港澳台的红色旅游环境及特色资源解读

随着中国旅游产业的逐步发展，国际旅游和港澳台内地旅游的人数也将会进一步增加，但是中国内地的旅行社和旅游中间商、代理商提供的旅游产品大部分为观光和休闲类旅游产品,很少有把红色旅游作为精品旅游产品进行市场营销。由于空间上和社会制度上的差异,进行国际旅游的海外侨胞和进行内地旅游的港澳台同胞对我国的政治体制和社会制度存在偏见,因此这些在我国进行入境旅游的侨胞、进行内地旅游的同胞目的大多是探亲和观光,但很少能进行深层次的交流,为了扭转这一不利局面,进行红色旅游是一个非常行之有效的方法。这是因为无论是海外侨胞还是港澳台同胞,我们都是属于一个民族——中华民族,我们的祖辈都经历了中国近代史这段屈辱的历史,同时也是中华民族觉醒和进行勇敢斗争的历史,最终打败了侵略者,过上了幸福的生活。

红色旅游景区不仅有中国共产党英勇抗战的历史见证,同时也有国民党进行英勇抗战的历史遗迹,当然也有无党派人士进行反帝反封的记录。当海外侨胞和港澳台同胞游览红色景区时,导游应该从中华民族的高度进行讲解,而不应该仅仅讲几个简单的历史事件敷衍,只有这样我们的海外侨胞和港澳台同胞才会有民族归属感和自豪感。开展红色旅游还有一个非常重要的原因就是让我们的侨胞和同胞对中国共产党有一个正确的认识。在海外,有许多敌对势力妄图扭曲中国共产党的形象来对中国的主权进行颠覆,而且有些不正当的言论在海外乃至港澳台地区有一定的影响,这是一个非常危险的信号,不能让这些言论传播开来。击破这些言论的最好且不过激的方法就是要让海外侨胞和港澳台同胞对此有一个客观公正的认识,最好的途径就是进行红色旅游,让世人了解到当中华民族面临民族存亡的关键时刻,是中国共产党挺身而出,发挥了中国革命中流砥柱的作用,带领中国人民完成了争取民族独立的历史任务和正在逐步实现中华民族伟大复兴的历程中。

2. 香港红色旅游资源赏析与游线设计

(1) 香港红色旅游资源赏析

香港,在抗日战争中经历了苦难,书写了责任。当年,许多海外爱国华侨及同胞,经过这里的八路军驻香港办事处,前往八路军或新四军各分支。而活跃在这里的港九大队更以血肉之躯打通了 12 条营救路线,为近千名文化界人士的安全转移保驾护航。70 余年风华流转,香港换上新颜。这些红色的记忆,将永远被铭刻。

——抗日烽火

香港是一个有着红色传统的地方,1922 年的香港海员大罢工和 1925 年广州群众为声援五卅运动的大游行展示了工人阶级的力量,轰轰烈烈的工人运动与在华南地区蓬勃发展的农民运动相互呼应,展开了华南地区波澜壮阔的革命大幕。

抗日战争全面爆发后,中共中央派廖承志和潘汉年来港建立八路军办事处,主持抗日工作。办事处的工作人员,除少数人来自中央,其他大部分人都是来自当地或是

从广州调来的。为了不影响英国政府对日本侵华战争的所谓"中立"地位，遵照周恩来的指示，不公开挂出八路军驻香港办事处的招牌，而是采用"粤华公司"的名义，利用香港的特殊环境，广泛开展抗日民族统一战线和国际反法西斯统一战线工作，宣传中共的抗日主张，争取港澳同胞、海外侨胞和国际友人对中国共产党及其领导的人民抗日武装的同情和支持，动员华侨青年和港澳同胞回国抗战。

香港作为重要的国际通商口岸，一直是中国政府同欧美各国进行贸易，尤其是军火贸易的重要中心，香港在转运中国抗战物资方面发挥了相当重要的作用。日本自然视其为眼中钉、肉中刺，恨不得除之而后快。

1941年12月25日下午6时，香港总督府竖起白旗，时任港督杨慕琦宣告投降，香港仅历时18天就沦陷了，这一天也被称为"黑色圣诞节"。日军侵占香港后，驻港英军全被囚禁，港英政府管治权崩溃，在此驻防的国民党军队也很快溃逃，只剩下势单力薄的共产党领导香港群众继续抗日，开辟敌后游击战场，但这也很快招来了日军对敌后游击队的大规模清剿。

广东人民抗日游击队随时关注着日军的行动，日军进攻香港的当日，游击队即进入香港新界地区建立了游击根据地。接着，游击队不断地打击土匪、汉奸、特务和日军，一场又一场的胜利不仅打出了游击队的军威，也在人民群众中树立了威信。老百姓逐渐认识到游击队不是那些欺压他们的兵痞土匪，而是一支有政治信仰、能保护他们的人民子弟兵。

游击队派工作队深入群众进行宣传，队员突击训练，3个月学会了当地话，很快便融入群众之中。他们与群众同吃同住同劳动，成为保护香港人民的子弟兵。人民群众视游击队员为至亲，为游击队员们送衣送食，有的民众甚至为保守游击队的秘密而牺牲了。

香港的敌后游击战仍然参照中共在其他地区开展的游击战做法进行行动，按照毛泽东游击战理论和实战经验开辟的敌后游击根据地。部队架构为纵队、大队、中队和小队，每队除指战员外，都设有政治委员或政治指导员；部队除负责战斗的武工队之外，也有一支人数庞大的负责宣传工作的民运队伍；还有一份机关报——《前进报》，报道全国的消息，刊登解放区的重要新闻，让民众知道全国的革命形势。香港也像全国游击区一样有民主政权，通过选举产生政府，经济政策亦依照内地政策，保护和照顾各阶层利益。

此外，香港的敌后游击战还有一些别开生面的战斗方式。1941年冬，游击队筹建了武装船队，从海上打击敌人，开辟了海上游击战场，不仅配合了陆上游击战，而且成功地打击了日伪海军的运输船只，为新中国海军培养了一批优秀干部。

正如其他抗日游击队一样,游击队在敌占区的生存离不开老百姓的保护。他们在市区和乡郊的活动一般都行动迅速,用突袭或偷袭战术,打了就跑,不留痕迹。一般白天在村,晚上便到山上住宿,尽量避免在村内与日伪汉奸发生军事冲突,以免村民遭受报复。

1943年香港爆发了大饥荒,人们食不果腹,游击队发动群众生产自救,组织互助合作社,积极帮助群众解决温饱问题,挽救了无数人的生命。正因为与老百姓建立的良好关系,游击队才能在日伪占领区域茁壮成长。

1944年广东人民游击队更改番号为东江纵队,与盟军联合作战。经中共中央复电同意,东江纵队设置了联络处,作为特别情报部门,专门负责与美军航空队联络,交换日军情报,还成功营救了数名美国飞虎队的飞行员。在最后对日发起的大反攻中,东江纵队也发挥了重要作用。

——香港大抢救

根据中共中央和毛泽东的指示,以周恩来为首的南方局和所辖机构,通过各种关系团结一切可以团结的力量,与广大文化界人士和民主人士建立了良好的合作关系,建立起了香港文化领域的"中国抗日统一战线"。1941年5月,廖承志、夏衍、潘汉年、胡绳、张友渔五人组成中共香港文化工作委员会,下设文艺、学术、新闻三个小组。香港的共产党员和文艺界人士迅速团结起来,积极开展各项抗日救亡运动。这时的香港,新的文化、艺术、教育团体和报纸刊物不断涌现,抗日救亡思想有如雨后春笋般茁壮成长。

宋庆龄根据周恩来的建议,力图把香港变成一条同外界联系的通道,以取得全世界反法西斯力量的支持。1938年6月14日,宋庆龄与宋子文、孙科、冯玉祥、颜惠庆等在香港发起成立"保卫中国同盟"。"保盟"虽然名义上是宋子文主持的国民党机构,但在地下工作者的努力下,实际上成了支持中共抗日根据地的筹募机构和中共中央在香港进行国际抗日统一战线的重要机构。他们一方面对外宣传,向国际介绍中国抗战的形势和需要,呼吁国际社会援助中国;另一方面发起募捐、义卖和义演活动,募集抗战所需的物资;还引介了如白求恩等许多国际友人来华支援抗战,其中许多人为中国抗战做出了很大贡献,有的甚至付出了生命。

但抗日文化人士的这些进步活动引起了日军的注意,日军占领香港后,立即展开了大围剿,意图让他们为侵略战争服务。中共中央和周恩来均指示廖承志要不惜任何代价,将聚居香港的大批爱国民主人士和文化界人士抢救出来。

香港大营救由周恩来致电前线直接指挥,八路军香港办事处、沿途的中共地下组织及东江游击队全都参与营救工作。营救工作自1942年1月1日开始,到6月底结束,

在日军岗哨林立、日本特务遍布的环境下，地下党人通过一系列堪比谍战大片的秘密行动，不损一人地成功营救了何香凝、柳亚子、邹韬奋等文化人士及其家属共800多人。这是一场空前的大营救，堪称文化界的"敦刻尔克"。成功脱险的文化爱国人士回忆这段危险重重的经历时也不禁称赞中共的周密部署和无私帮助。茅盾先生赞赏这是"抗战以来，甚至可以说是有史以来，最伟大的抢救工作"。

——红色力量的汇聚

抗日战争胜利后，中国面临着光明与黑暗两种前途。而此时的香港作为一个既不是蒋管区，也不是解放区的"第三种地带"，云集于此的国内外各种势力，进行着政治、经济、外交、文化等各方面的角逐。

虽然早在全面内战之前，中共广东区委就按照中共中央的部署，作出"战略撤退"的策略和"分散坚持"的工作方针，于1946年初将区委和部队领导机关和干部秘密迁入香港。但是同年夏天，解放战争爆发后，蒋管区实行了残酷的白色恐怖和文化专制，使中共在蒋区的文化事业机构难以生存，各民主党派无法取得合法地位，民主活动受到极大的摧残。一大批文化人士和民主人士必须及时转移到香港。

为避免中国新文化精英遭到国民党反动派的迫害，发展民主运动和进步文化事业，中共通过地下组织分批将柳亚子、郭沫若、翦伯赞、胡风等一百多位著名文化人秘密护送抵港，在工作和生活中与他们建立了融洽的关系，充分的信任、真诚的合作以及积极的团结工作让他们团结在共产党周围，为民主进步力量的发展提供支持。

另外，广东区委也与港英当局进行谈判，迫使英方同意中共在港的合法地位，允许中共在港开展半公开的活动；中共则同意撤退东江纵队港九大队，承诺其活动不以推翻港英政府为目的。这样中共在香港有了安全的政治环境，使蒋介石奈何不得。尽管如此，中共也不能在香港大张旗鼓地开展活动，只能通过建立一系列文化机构才能放开手脚，名正言顺地把众多来港文化人士、民主人士、青年学生和工人市民等组织起来，开展各种各样的群众运动和情报、军事、统战、外交活动；也只有通过这些文化机构，中共才能彻底打破战后国民党在国统区和海外的舆论宣传一统天下的局面，大力传播中共新民主主义的路线、方针、政策，让外界了解解放区的真相，扩大中共的影响。

在香港分局和工委的领导推动下，中共有关组织通过创办报刊、通讯机关、文艺社团和学校等方式占领了香港一系列文化阵地，在港民主党派的反蒋运动、声援国统区的民主运动、批判第三条道路、反对国民党的"总统选举"、揭露美蒋和平阴谋、新政协运动、反美扶日运动、批判中美关系"白皮书"、保卫世界和平运动等斗争场合，都有文化界人士活动的雄姿。他们或联名发表宣言，或发表署名文章，或举行座谈会，为新中国的诞生献上第一发礼炮。

——走向胜利

中共香港分局以配合全国解放战争为中心任务，建设了华南解放战争武装斗争指挥中心，顺应时势制定了切合华南地方实际的武装斗争策略。从隐蔽待机、潜心发展到全面反击。从建立边区游击队、发展群众斗争，到发展大规模的游击战争，这些斗争都是华南地区武装斗争的缩影。团结起来的人民群众一次次粉碎了国民党的"清剿"，各边区纵队发展成熟、各根据地联结成片、香港分局把华南地区建设成为解放战争的坚强一翼，有力配合了南下解放军解放华南地区的斗争。

在解放全国的辉煌征途中，香港人民的心始终与奋战在前线的解放军战士们联系在一起。在得知新中国成立的消息后，香港人民欢欣鼓舞，12月14日，南洋商业银行就升起了全港第一面五星红旗。从被割让到今日，香港人中拥有爱国情感的人始终占多数，红色的火种在这片土地上自诞生之日起就从未熄灭。

（2）香港红色旅游游线设计

香港有1条红色旅游主题线路（八路军驻香港办事处→乌蛟腾村抗日英烈纪念碑→企岭下海→香港国际会展中心）

八路军香港办事处，1938年1月由廖承志创办。地点位于香港皇后大道18号开设的一家"粤华公司"茶叶商行作为掩护，而商号后楼就是八路军驻港办事处。1938年1月，廖承志到香港，与在港的潘汉年、吴有恒、连贯、张唯一、李少石、廖梦醒等人决定了八路军香港办事处的开设细节。此前，周恩来会见英国驻华大使卡尔爵士，表示"需要在香港设立办事处，不公开挂牌，请港督给予关照。"1939年3月11日清晨，港英当局政治部突袭查封"粤华公司"，逮捕了连贯等五人，搜走了大量通信名单的文档资料。为此，周恩来在重庆与英国大使交涉，廖承志亲到港英警署保释；3月15日连贯等人获释，同时归还了被搜走的文件。事后，八路军香港办事处吸取教训，不再设半公开的办公场所，化整为零，转入地下秘密状态。1942年1月，八路军香港办事处撤销。

乌蛟腾抗日英烈纪念碑，位于香港特别行政区新界沙头角乌蛟腾村，初建于1951年10月，2010年9月重建落成。乌蛟腾抗日英烈纪念碑是为缅怀和纪念在抗日战争中牺牲的乌蛟腾村烈士而修建，顶端为五角红星，碑上刻着曾生将军手迹"抗日英烈纪念碑"，基座横书"浩然正气"四个大字。纪念碑旁有两个矮身碑文座，用黑底金字刻录着烈士姓名，并用中英文题写碑文，记述了乌蛟腾村人的英雄抗日事迹。乌蛟腾抗日英烈纪念碑是香港第一座有红五星的纪念碑，意义非凡、弥足珍贵。

企岭下海是位于香港新界西贡北靠近企岭下的一个海域，三面环山，西面是西沙

路十四乡一带；南面有鸡公山；而东面则为石屋山山脊；北面连接吐露港及赤门。邻近企岭下海，有十四乡、榕树澳和深涌等村落。企岭下海中"企岭"是指马鞍山，企岭下海的意思就是马鞍山下的海。企岭下海是 80 年前"香港大营救"最主要的秘密进行地。

香港国际会展中心位于香港岛北部，维多利亚湾南岸，是 1997 年香港回归祖国怀抱的见证地，也是"一国两制"下香港人民日常生活和举行重大节庆的首选地点。中心北侧的金紫荆广场中矗立着香港回归的紫荆纪念碑和国旗台，为香港民众体验"一国两制"的社会发展、培育爱国主义情怀提供了重要的社会性场所。

3. 澳门红色旅游资源赏析与游线设计

（1）澳门红色旅游资源赏析

澳门林则徐纪念馆于 1997 年 11 月在莲峰庙内落成，以赞扬林则徐不畏强权，勇敢禁毒的高尚品格。1839 年，两广总督林则徐被任命为钦差大臣，坚决实行禁绝鸦片措施，在虎门销毁二百多万斤鸦片。由于当时澳门是鸦片集散地，林则徐遂于同年七月来澳巡视，并于天后殿前天阶的亭台会见葡萄牙官员，亭台今日仍旧保存，屋檐后悬有一"心"字匾额，寓公正判案之意。馆内藏有虎门销烟时期林则徐和朝廷之间的通讯资料，还有各种船只的模型：清代的中国军舰、葡萄牙航船和鸦片存放船等。在纪念馆的中央，摆放了真人般大小的模型，再现了当时林则徐接见葡官员的情形。最后，观众还会看到吸食鸦片的器具，以此提醒人们不要忘记毒品的祸害。

大三巴天主教艺术博物馆位于大三巴牌坊后。于 1995 年修建成博物馆，以供游客在内欣赏历史画像和细观已消失的天主之母教堂之余，还可以参观一座墓堂。此外，游客还可以参观一个天主教艺术博物馆，馆内搜集了本澳各教堂和修道院具代表性的画作、雕塑和礼仪饰物。耶稣会会士于 1565 年开始在澳门定居，随即以宣扬基督精神为宗旨，有利于东西方文化的交汇与共存，在推动教育事业以及传教工作上有密切的关系。自 1602 年起，因之前几座教堂均毁于火灾，学院设有一座新圣堂。圣堂是一座具有三个殿堂的宏伟大教堂，其外貌就如后来考古学者在该处进行一系列重修及兴建博物馆工程之图画所记载的一样。在建筑上，圣堂由中国和日本的工匠参与兴建，为教堂竖立各种文化的典范特征，被耶稣会所颂扬。数世纪以来，圣堂内丰富的内容使参观者留下深刻的印象。1762 年，耶稣会士被逐，并交由市政厅处理。后来在这里设置军营，历时数十载。1835 年，在兵营厨房突然起火，波及其余的附属建筑物，摧毁了教堂，并差点摧毁了整座名胜建筑。1990 年至 1995 年，在昔日圣堂的地点进行维修工程，并兴建成博物馆。

大航海时代，澳门曾是许多欧洲殖民扩张者觊觎的宝地。400 多年前，抢先登陆的葡萄牙人花10年时间修建了这座庞大的炮台,并靠着它成功地把其他后来的"海盗"挡在了澳门的海岸线之外。那个时代,大炮台一直是澳门的防御核心。从游人如织的大三巴牌坊望过去,可以看到隐在青山绿树后的炮台一角。大炮台本属圣保禄教堂,1835年的一场大火,烧得教堂只剩前壁一堵,即今日的大三巴牌坊,而大炮台虽然经此火劫,幸而花岗石和夯土的基座仍得留存。炮台整体是一个边长约百米的不规则四边形,墙体以巨大的麻石夯土砌建,并以蚝壳粉末作灰泥抹实,坚固异常。炮台上下分三层,拾级而上可看到每层都保留着精铁重炮,架设在雉堞状子墙上,炮身通体黝黑发亮,全无锈迹。粗粗一数,总共30门之多。这些火炮,与澳门其他3座规模较大的炮台一起,构成一个覆盖东西海岸的宽大炮火网。大炮台的东南墙角设有碉堡,而面向内陆的西北墙身,子墙较矮且没有炮口设置,显示出大炮台对外的防御设计。史书记载,1601年到1627年,荷兰舰队先后5次攻打澳门。据传,1622年荷兰人一度登上澳门海岸,如果不是大炮台上的大炮一锤定音,准确命中荷兰军火库,把荷兰人驱回海上,葡萄牙人在澳门的地位也许已被取代,历史也将改写。不过,那都是殖民者在中国土地上的撕咬,历史同样记载下近代中国之痛。这传奇般的一炮为大炮台赢回了荣耀,1623年至1740年间,大炮台便一直作为城防司令和澳门总督的住所,驻扎重兵。此后300多年中,大炮台向来是不能靠近的军事禁区,直至1966年澳门气象台迁入,才开放为游览区。从1996年起,气象台改建为澳门博物馆。博物馆的入口就在炮台顶层。炮台坐落的小山,高150米,又地处澳门城市中心,所以从炮台顶层可以很好地俯瞰澳门全景。从子墙和炮口的间隙望下去,都市中密密层层的楼房、绿树和黑沉沉的大炮像是嵌入同一幅图景,十分耐人寻味,倒似这花团锦簇是由炮口生出一般。博物馆收藏了数百年来澳门不同民族的生活样本。早期当地渔民的家居摆设、葡萄牙人的教堂和房子的模型、中西婚嫁生老的民俗、传统手工艺品、葡式餐具和食物模型。在一处玻璃橱窗里,还能看到穿短衫挑担子的货郎,按下一个按钮,就可以听到当年回响在澳门街头巷尾的叫卖声:"卖肉粽、凉茶""收买烂铜烂铁""磨刀磨剪"声声悠长,似乎把人又带回了那个年代。历史的戏剧性在大炮台上得到了充分的体现,百年前,谁能预见战争堡垒有朝一日会变成中西文化共融的收藏馆?幸好,这戏剧性是繁花似锦替代了血雨腥风,是冲突到和平、荒凉转繁荣的变化。炮台若有知,也会感到由衷欣慰吧。

澳门海事博物馆坐落在当年首批葡萄牙人登岸的地方,于1990年6月建成投入使用,该馆由博物馆大楼和馆外广场两部分组成。博物馆的外形好像一艘独特的船停泊在渔民聚居的内港入口处,它洁白的外墙仿如一艘三桅船张开的帆,它的玻璃窗令人联想起一个一个的瞭望台。博物馆内分设了"渔民天地""海上贸易""航海技术与交通""水族馆"等几个展区,在地下和一楼之间的阁楼陈列了十四艘葡式传统船只模型。渔民天地展区主要介绍中国南部渔民群体的情况,着重介绍澳门渔民的传统。最引人注目的就是"妈阁庙的故事",是通过四幕活动舞台情景,把有关天后的故事演绎出来。游客可自行选择合适的语言作为旁述,有葡语、粤语、普通话及英语。海上贸易展区把当年航海大发现的旅程重新展现在人们的眼前,诉说着东西方的航海历史。展品有商业贸易,包括茶叶、香料、丝绸和瓷器等一些大发现时期的主要贸易品;葡国大帆船及大商船的模型;15—16 世纪葡萄牙人航海大发现的路线图等。航海技术与交通展区陈列着与航海技术及交通工具有关的展品,东望洋灯塔模型、捆绳器及各种绳缆,展示木桨的制造过程等。水族馆展区内设有 4 个水族箱,分别代表着不同的水底世界,让游客观赏到各种鱼类。第一个箱是唯一的淡水馆,展现一条河床;第二个箱令人联想到某个海港的水域;第三个是珊瑚礁;第四个重组了一艘沉船所在的深海区的情形。馆外及广场上,昔日的一号码头已被列作博物馆的设施成为休闲场所;内部安放着一些摆设,较为突出的是一艘龙舟,与目前每年龙舟竞渡时所使用的一样。还有两艘帆船停泊在码头内,每天航行在内港及南湾一带。广场由一幅大帐幕遮盖,人们可从这里观赏河岸的景色以及繁忙的海港,或者看一看不断有游客走向妈阁庙的情形。

博物馆由内至外充满着大海的气息,通过声、光、像等科技设备,把游客带入海的世界,从而充分系统地展示了澳门特区以及中国和葡萄牙在海事方面的历史。孙中山先生早年毕业于香港大学医学院,曾来到澳门的镜湖医院行医,并创立了中西药局,利用行医开展革命活动。同盟会也曾在澳门设立支部,后来几经艰辛终于在 1911 年武昌起义成功,推翻清朝政府,缔造近代中国。纪念馆位于文第士街,环球酒店旁侧,是一幢糅合了回教色彩的建筑物。孙先生于 1919 年斥资兴建此寓所,作为其家人的住所,其后再加修建。1932 年,国父之子哲生奉养母亲卢太夫人(慕贞女士)于此。后来卢太夫人仙逝,遗体葬于旧西洋坟场,故居才于 1958 年易名为"国父纪念馆"。纪念馆内的装修保留原貌,馆内陈设均为孙先生在广州任大元帅时所用的文物家具,及在澳门行医时所用的物品。一些国父的真迹和生前珍贵照片,包括国父与革命先烈们的合照也一一珍藏。现在馆内还划出了一个展区,展出有关台湾的简单说明介绍和一些当地出版的杂志刊物。馆侧是孙先生生前喜欢坐立的花园,矗立着一尊孙先生的半身铜像及"天下为公"四个大字,以供游人瞻仰。

(2)澳门红色旅游游线设计

澳门由澳门半岛和氹仔、路环二岛组成,占地面积小,红色景点不多,相隔距离也不远,并且均位于澳门半岛上。红色旅游路线只有 1 条:林则徐纪念馆→大三巴天主教艺术博物馆→大炮台→澳门海事博物馆。

澳门林则徐纪念馆：建于1997年11月，位于澳门特别行政区莲峰庙内，用以纪念中国民族英雄林则徐。纪念馆由民间组织莲峰庙慈善值理会筹建和管理。

大三巴天主教艺术博物馆：位于大三巴牌坊后，于1995年修建成博物馆，以供游客在内部欣赏历史画像，和细观已消失的天主之母教堂，还可以在外部参观一座墓堂，墓中曾埋下一些日本及越南的殉教者。此外，游客还可以参观一个天主教艺术博物馆，馆内收集了本澳各教堂和修道院具代表性的画作、雕塑和礼仪饰物。

大炮台：坐落在大三巴牌坊侧，是中国澳门主要名胜古迹之一。大炮台建于公元1616年明神宗年间，本属教会所有，为保护圣保禄教堂内的教士而兴建，用以防范海盗，后转为军事设施区。炮台上有大片空地，绿草如茵；参天古树，生长茂盛；巨型钢炮，雄踞于旁。炮台上并置有不少古迹文物和历史性建筑物，如炮台上的古塔便是当年耶稣会的会址之一。建于空地中心的南欧式平房建筑，是气象台的办公室。

澳门海事博物馆：是澳门历史最悠久的一家博物馆，对面是妈阁庙。澳门海事博物馆主要介绍这地区的主要海事活动，包括中国南部的捕鱼方法和传统渔船、科学技术和交通工具、葡国和中国的海事历史。

澳门回归贺礼陈列馆：在澳门回归时，国务院、全国各省、直辖市、自治区和香港特别行政区均送赠贺礼给澳门，澳门回归贺礼陈列馆便是陈列此批回归贺礼展品。贺礼展品除其赠送意义重大外，还蕴涵了中国各地域的文化特色，展现了当地艺术的最高水平。

4. 台湾红色旅游资源赏析与游线设计

（1）台湾红色旅游资源赏析

1949年中华人民共和国成立，国民党迁到台湾。1949年至1978年，两岸发生了1949年金门古宁头战役、1954年第一次金门炮战、1958年第二次金门823炮战。

1987年11月，台湾正式宣布在大陆有三等亲的"台湾居民"可以前往中国大陆探亲之后，两岸的交流秩序迅速建立，台湾赴大陆的人员交流人次逐年扩大，在2000年即已突破310万人次。1991年2月，台湾成立财团法人海峡交流基金会（海基会）接受政府委托，办理两岸民间交流中涉及公权力而不便由政府出面处理的事务性、技术性事务。中国大陆亦于同年12月成立海峡两岸关系协会（海协会），为相对应之单位，以为两岸交流所衍生的种种问题与纠纷行服务与处理的工作。1993年，在新加坡举行"汪辜会谈"，双方就两岸经济合作、两岸科技文化交流、海协会与海基会的会务等问题交换了意见。1995年1月，江泽民发表"为促进祖国统一大业的完成而继续奋斗"的重要讲话，就两岸关系、推进中国和平统一进程的若干重要问题提出八点看法及主张。

2000年，台湾政局发生变化，促使原本的大陆政策受到挑战。2005年，中国大陆制定发表"反分裂国家法"，以反对和遏制"台独"分裂势力分裂国家，促进祖国和平统一。2001年，金门、厦门"小三通"正式开展，2002年台北开放第三类大陆人士来台观光。

2008年12月31日，中共中央总书记胡锦涛发表六点对台意见：一是恪守一个中国，增进政治互信；二是推进经济合作，促进共同发展；三是弘扬中华文化，加强精神纽带；四是加强人员往来，扩大各界交流；五是维护国家主权、协商涉外事务；六是结束敌对状态，达成和平协定。

2019年1月2日，中共中央总书记习近平在《告台湾同胞书》发表40周年纪念会上发表重要讲话指出，两岸关系发展历程证明：台湾是中国一部分、两岸同属一个中国的历史和法理事实，是任何人任何势力都无法改变的！两岸同胞都是中国人，血浓于水、守望相助的天然情感和民族认同，是任何人任何势力都无法改变的！台海形势走向和平稳定、两岸关系向前发展的时代潮流，是任何人任何势力都无法阻挡的！国家强大、民族复兴、两岸统一的历史大势，更是任何人任何势力都无法阻挡的！

（2）台湾红色旅游游线设计

台湾自古以来就是中国领土不可分割的部分。1895年日本帝国主义通过侵略战争，强占台湾并实行残酷的殖民统治，成为中国近代史上惨痛的一幕。日本侵占台湾期间，台湾同胞为保卫家园，维护民族尊严，持续进行武装和非武装抗日。抗战胜利后，台湾光复，回到了祖国怀抱。台湾同胞在多年的抗日历程中，先后有数十万人为国捐躯，以慷慨赴死的英雄气概谱写了气壮山河的民族史诗。台湾同胞英勇抗日的史实，体现了台湾同胞光荣的爱国主义传统和抵御外侮、宁死不屈的民族气节。遗址遗迹是保存历史的重要载体。台湾同胞抗日遗址遗迹是台湾同胞抗日历史的见证，也是日本对台湾侵略罪行的铁证，为今人及子孙后代了解那段历史提供了最直观、最感性的实物资料。为纪念中国人民抗日战争胜利暨台湾光复75周年，中国人民抗日战争纪念馆隆重推出"绿水青山待我还，台湾同胞抗日遗址遗迹摄影展"，以纪念台湾同胞英勇抗日的爱国精神和为中华民族所建立的不朽功勋。

摄影展一共分为六部分，可以按照这六个部分分为6个红色旅游路线。

"四百万人同一哭，去年今日割台湾"：牡丹社事件纪念公园→牡丹社事件登陆纪念碑→琉球藩民墓→双溪口→石门古战场。1871年，部分琉球渔民在海上航行时遭遇风浪，漂流到台湾，误入牡丹社，与当地居民发生冲突，死54人。1874年，日本借口牡丹社事件派军在台湾琅峤（今屏东县恒春镇）登陆。同年10月，清政府被迫与日本签订《北京专约》。1894年，日本发动甲午战争。翌年，清政府战败，被迫于1895年

4月签订丧权辱国的《马关条约》，把台湾及澎湖列岛割让给日本。

"愿人人战死而失台，绝不愿拱手而让台"：台南车站→先贤丘沧海先生誓师抗日碑→丘逢甲进士题名碑→台中市西屯区丘氏宗祠→苗栗县铜锣乡竹森村丘逢甲出生地→基隆港。在清政府无力保住台湾、台湾被日本侵占后，以丘逢甲为首的台湾士绅推动组建抗日临时政权，宣誓"永戴圣清"以救亡图存。刘永福率领驻台清军，在义军的协助下，浴血抵抗日军的进攻。台湾各地民众也纷纷组织武装力量抵抗日军占领台湾，矢志"愿人人战死而失台，决不愿拱手而让台"。从1895年6月到10月，台湾义军和清军官兵前仆后继，奋勇抗敌，日本侵略者先后出动7万兵力，付出死亡4800人、伤2.7万人的代价才占领台湾。

"为其生为降虏，不如死为义民"：台湾总督府旧址→新竹州厅旧址→台南州厅旧址→高雄市役所旧址→日本派出所旧址→余清芳烈士纪念碑→台北孙中山纪念馆→雾社起义爆发地（今南投县仁爱乡）。日军攻陷台湾后，岛内武装抗日风起云涌，逐渐形成以北部简大狮、中部柯铁虎和南部林少猫为主的多支抗日义军。此后，面对日本殖民当局的残酷镇压，台湾同胞的武装抗日仍然此起彼伏、连绵不断，沉重打击了日本殖民统治。辛亥革命爆发后，台湾岛内革命运动如火如荼，中华民族意识激荡高昂，以罗福星等为代表的一些台湾籍精英加入同盟会，对殖民统治者展开了各种形式的反抗。台湾少数民族在抗击日本侵略的过程中也谱写了光辉的篇章。

"同胞需团结，团结真有力"：登瀛书院旧址碑→台湾民报发行所旧址→蒋渭水纪念公园→台湾文学馆。台湾同胞的大规模武装起义被日本殖民当局血腥镇压后，知识分子逐渐扛起反抗日本殖民统治的大旗。在祖国大陆五四运动和马克思主义传播的影响下，台湾知识界逐渐觉醒。20世纪20年代后，为争取台湾民族的政治权利，保障经济利益，保持中华文化在台湾的传承，台湾的知识分子通过发起议会设置请愿运动、创立文化协会、发起工农运动、组建政党等非武装的形式与日本殖民当局进行顽强抗争。

"欲救台湾，先救祖国"：彰化孔庙→台中雾峰林宅内的戏台→高雄车站→台北"帝国大学"旧址（今台湾大学）→李友邦将军纪念馆→台湾义勇队成立旧址→"台湾医院"旧址→中国国民党中央直属台湾党部旧址。卢沟桥事变爆发后，日本发动全面侵华战争，中国军民奋起反抗，开始了神圣的全民族抗战。广大台湾同胞，有的在岛内继续以各种方式，坚持反对日本殖民统治，有的回到祖国大陆，投身全民族抗日战场，涌现出李友邦、丘念台、林正亨、邹洪等英雄人物和台湾义勇队、台湾少年团、东区服务队等台胞抗日英雄团体，谱写了海峡两岸中华儿女共赴国难、共御外侮的光辉篇章。

"雪马关之耻,恢复山河从兹始":台北市中山堂→孙立人将军行馆→澎湖县林投的"抗战胜利纪念碑"→花莲文天祥公园→抗战胜利暨台湾光复纪念碑。1945年8月15日,日本宣布无条件投降,中国人民抗日战争取得伟大胜利。10月25日,中国战区台湾省受降仪式在台北公会堂举行,遭受日本殖民统治达五十年的台湾重回祖国怀抱,广大台湾同胞奔走相告、燃爆庆祝。1946年9月,台湾光复致敬团在陕西耀县遥祭黄帝陵,表达了抗战胜利后台湾人民回归祖国的兴奋之情和心向祖国的爱国情怀。

第三章

结　语

　　红色旅游在国内发展至今，从传统红色旅游资源的单一利用途径，到今天多业并举、多产融合模式影响下的复合型红色旅游游线在中华大地上铺陈开来，我们可喜地看到红色旅游这一"新旅游发展方向"为民众和社会带来的欢欣与稳定，也看到了在环境决定论影响下，一些地方渴望通过红色旅游自国家层面的政策利好来改变地区经济较为落后的现状。从本质上看，无论旅游业态经济发展强弱与否，红色旅游的资源仍然是党和政府在地方旅游事业发展中的重点开发对象。从红色旅游资源的教育性和实践性入手，红色旅游游线的建设，不仅能实现"致富先修路"的拟态建设，更能够通过线路中的历史文化与山水风情，让游客和地方民众感受新时代中国红色旅游建设的成果，分享在幸福社会和强大的祖国生活的喜悦，可见发展红色旅游，是从根本上为国家经济发展和长治久安提供了一条便捷、有效的快车道。

　　红色旅游线路布局复杂，串联故事线的脉络较为多元，全国12个红色旅游大区中的主线和支线、省市级红色旅游游线的优化和开发是当前新时期以习近平同志为核心的党中央，对旅游经济发展建设关注的重点。实现民族文化振兴、丰富红色旅游资源业态、串联红色旅游资源同传统旅游资源的有效衔接，刺激地方旅游经济多产业、多元发展将成为新时期红色旅游建设事业的重要工作。以红色旅游游线串联的跨域旅游线路，将更多地履行教育体验和感化认知的旅游功能，在宣讲红色历史、体验红色生活、感悟红色精神、吸纳红色力量等多元红色旅游内容的架构之下，相信红色旅游游线的设计和建设，能够进一步为联动地方城市经济社会发展，刺激民众打造主客共享的旅游目的地建设热情，在旅游经济复苏提振、民主多元法制建设体验、地方产业链多元联动的经济体制改革和城市经济发展脉络等角度提供一条新的稳定的发展快车道。同时我们也相信，从社会主义新百年征程为出发点，进一步优化社会主义市场经济建设，以红色旅游线路和红色旅游载体为代表的红色旅游能够为中国特色社会主义建设新时期提供一条合理、稳定、有序的发展途径。对我国实现统一大业、边疆稳定、民族团结、社会发展、经济提振等战略要求实现多重对标。我们有理由相信，从未来新时期旅游事业发展角度，中国红色旅游将为海内外民众、各民族同胞铺就一条又一条幸福路、稳定路、长久路。